FRANZ

De Montricher

LIEUTENANT AU 38e RÉGIMENT D'ARTILLERIE

Lettres et Souvenirs

NANCY

IMPRIMERIE BERGER-LEVRAULT ET Cie

11, RUE JEAN-LAMOUR, 11

1883

FRANZ

De Montricher

LIEUTENANT AU 28e RÉGIMENT D'ARTILLERIE

Lettres et Souvenirs

NANCY

IMPRIMERIE BERGER-LEVRAULT ET Cie

11, RUE JEAN LAMOUR, 11

—

1887

FRANZ

De Montricher

NANCY, IMPRIMERIE BERGER-LEVRAULT ET Cie.

FRANZ

De Montricher

LIEUTENANT AU 38e RÉGIMENT D'ARTILLERIE

Lettres et Souvenirs

NANCY
IMPRIMERIE BERGER-LEVRAULT ET Cie
11, RUE JEAN-LAMOUR, 11

1883

FRANZ DE MONTRICHER

RANZ Louis Gustave Mayor de Montricher naquit le 25 novembre 1856. Sa naissance fut une grande joie pour sa famille, déjà nombreuse, puisqu'elle comptait quatre sœurs et un frère. Ce second fils fut l'objet, dès son entrée dans le monde, d'une tendresse profonde; son père se montrait aussi heureux que fier de ce bel enfant, si fort et si bien constitué. La maison était rayonnante; et ce bonheur fut accru quelques jours plus tard par la naissance d'une autre enfant, sa cousine, qui fut pour lui comme une sœur. Tout était à souhait; Dieu avait jeté le bonheur à pleines mains sur cette famille privilégiée. Le ciel était pour elle d'une sérénité incomparable. Le caractère charmant de son chef, si jeune d'esprit, avec un cœur si chaud, une autorité absolue, où la fermeté chrétienne s'alliait à la tendresse ; l'affection réciproque, la confiance, la bonne humeur, tout semblait réuni pour répandre sur ce centre heureux une lumière qui n'avait pas d'ombre. Hélas ! le bonheur n'est pas de cette terre ; on peut l'entrevoir, en saisir un instant les avant-goûts divins ; mais lorsque ce brillant horizon se dévoile un instant, il se referme aussitôt.

L'enfant avait dix-huit mois quand son père mourut. Arraché, à l'âge de 48 ans à peine, à toutes les affections dont il était entouré, ses vertus chrétiennes le soutinrent au moment de sa mort comme elles l'avaient dirigé pendant sa vie. Les dernières paroles avec lesquelles son souffle s'éteignit furent une prière pour ses six orphelins et pour le septième qui devait naître quelques mois plus tard.

Lorsque Dieu frappe de grands coups, il semble qu'il donne avec l'épreuve une force surnaturelle pour la supporter. Au milieu des larmes et de la plus profonde détresse, l'Évangile trouve à répandre dans nos cœurs des trésors de consolations inépuisables, et Dieu les dispense par son esprit à qui veut les chercher. Lorsque tout bonheur sur la terre semble perdu pour nous, alors, naturellement, nous tournons nos regards vers le ciel et nous pouvons entrevoir, par un effort de la foi, cette félicité éternelle qui nous est réservée et que nous partagerons avec ceux qui nous ont devancés. Si nous avons été appelés à confier nos bien-aimés au Seigneur, nous sentons, quand il les a pris à lui, que la chaîne de nos affections se reforme dans le ciel et nous pouvons dire que là où est notre trésor, là aussi est notre cœur. Nous apprenons à vivre en face de cette espérance vive de posséder l'héritage qui ne se peut ni corrompre, ni souiller, ni flétrir, et qui est réservé dans les cieux pour nous. Nous regardons l'avenir avec confiance, parce que nous savons que « le don de Dieu, c'est la vie éternelle ».

Ce sentiment qui nous fait chercher les choses qui sont en haut après avoir passé par le creuset de l'affliction, qui nous inspire le besoin de chercher Dieu, n'est pas cependant un sentiment sombre ni égoïste : loin de là, nous sommes sur la terre par la volonté de Dieu, et il n'y a rien de plus réel que la terre. Tout ce qui s'y rattache doit nous intéresser; nous n'avons pas le droit de nous soustraire à ses devoirs. La vie doit conserver pour nous son prix inestimable. Dieu y a semé la beauté à pleines mains, et la joie aussi. Il nous y a imposé des devoirs et il veut que notre présence soit bénie pour ceux qui nous entourent. Il veut que nous sachions cueillir et faire cueillir aux autres la fleur qu'il met sous nos pas. Il a créé l'homme à son image, et l'homme habite cette terre qui fut faite pour être le paradis terrestre; nous n'avons pas le droit de l'assombrir ni pour nous ni pour les autres. Il n'est pas dans la volonté du Créateur que nous portions la vie comme un lourd fardeau et que nous nous absorbions dans une contemplation mystique. Non, la vie, c'est l'action, et nous devons agir, nous devons travailler selon la volonté de Dieu, travailler à accomplir notre tâche et chercher cette tâche aussi haut que possible.

Le petit Franz fut, dès les premiers mois de sa vie, un enfant séduisant. Les personnes qui l'ont connu à cet âge se souviennent de cette jolie tête d'enfant, ce teint blanc et rose, et ces yeux rêveurs d'un bleu de gentiane. Un de nos amis me disait un jour en le regardant : « Les yeux de cet enfant sont bleus et profonds comme un lac de la Suisse. » Cette douceur charmante et la tendresse qui faisaient le fond de son caractère se manifestaient déjà. Jamais de cris, jamais de colères, pas de ressentiment, pas de ruse ; son cœur paraissait inaccessible à aucun mauvais sentiment, plein d'une bonté absolument naturelle. Sur une nature comme celle-là, le sentiment religieux devait avoir une grande prise et se développait comme de lui-même. Ce qui était élevé l'attirait. Lui et sa sœur, sa petite compagne, s'aimaient tendrement. Ils ne se sont jamais quittés jusqu'à son départ pour l'École polytechnique. Ils étaient mutuellement dépositaires de leurs petits secrets et jamais il n'y a eu entre eux l'ombre d'un désaccord ou d'une brusquerie. Franz protégeait sa petite sœur, et aurait voulu lui éviter tout chagrin, toute punition. Celles-ci étaient rares, du moins celles qui étaient sérieuses. Quant aux petites tapes, infligées pour une bagatelle, cela était sans doute de peu d'importance, et d'ailleurs peu fréquent ; mais, dans ces rares circonstances, on voyait déjà se dessiner le caractère des deux enfants. Voici comment les choses se passaient : quand il y avait eu une infraction à la règle, on leur faisait bien tendrement voir combien ils avaient eu tort, et la nécessité de se soumettre à une punition ; puis, cette punition était toujours remise au lendemain à heure fixe. On aurait pu l'oublier, mais eux ne l'oubliaient jamais. On les voyait arriver tous les deux à la minute indiquée ; Franz avait ses petites mains en avant, toutes prêtes à recevoir avec résignation la petite tape maternelle ; sa sœur, avec son air mutin, avançait plus lentement, les mains derrière le dos, espérant jusqu'à la fin échapper.

Un jour ce fut plus grave. Il y avait au fond des offices de la maison une cave toute noire, vraie soute au charbon ; ce réduit s'appelait la « cave aux mensonges ». Une fois, une seule fois, elle s'ouvrit pour recevoir les deux petits coupables. Dans le jardin, « les grands » avaient commencé une partie de croquet, puis ils l'avaient interrompue pendant une heure d'absence, avec défense formelle de toucher aux boules. Malheureusement, les deux petits compagnons étaient seuls; le jardin était tranquille; les maillets ne bougeaient pas; personne ne regardait; bref, la tentation l'emporta, les arceaux furent tirés, les boules déplacées! Devant un tel forfait, ils prirent peur; quand on les interrogea, leur petit cœur fit défaut; l'un avait cinq ans, l'autre sept! Franz répondit évasivement; Marie déclara qu'elle n'avait rien touché. Il fut facile de leur prouver le contraire, et décidé qu'ils descendraient dans la cave noire. Comme d'usage, ils se soumirent d'avance à la punition, et à l'heure choisie, sans se plaindre, ils laissèrent refermer sur eux la porte redoutée. Ils y restèrent, fort tranquilles, pendant les cinq terribles minutes de réclusion ordonnées, dans une obscurité complète. En sortant de là (toute la maison était émue de cette exécution), quelqu'un leur demanda : « Est-ce que vous n'avez pas eu bien peur, dans cet endroit si noir ? — Oh ! oui, bien peur », répondit la petite, « surtout en entrant; mais après nous nous sommes dit ce verset qu'on nous a appris : l'Éternel est ma lumière, de qui aurais-je de la crainte? et alors nous n'avons plus eu peur. » Après un nouvel examen des circonstances du méfait, il se trouva que Franz n'avait rien touché du tout; il n'avait pas pu se le rappeler, disait-il; il ne s'était pas accusé, mais il ne s'était pas défendu, et ainsi sa petite sœur n'avait pas été seule punie.

Voici un autre trait de sa préoccupation continuelle pour elle. Un soir, peut-être un an après, il était couché dans son petit lit. Il venait de finir sa prière. Il avait repassé tous les incidents de la journée pour voir s'il avait bien suivi les recommandations de sagesse voulue, lorsque tout à coup il me dit : « Oh ! maman ! je suis bien malheureux, je suis si inquiet, je ne puis pas dormir. — Mais pourquoi donc ? » lui dis-je. « Oh ! c'est que, vois-tu, maman, je ne suis pas sûr que Marie ait encore donné son cœur au Seigneur Jésus. Elle n'est pas encore à l'abri, et j'ai si peur ! s'il lui arrivait quelque chose, et que je ne sois pas sûr qu'elle aille au ciel ! Oh ! je ne puis supporter cette pensée. Va lui dire qu'elle est en danger, qu'elle ne tarde pas davantage à se donner à Jésus, sinon je ne pourrai pas dormir. » Le cœur des petits enfants est facile à trouver. Marie fut touchée de ses instances et fut amenée toute petite à ce sacrifice d'elle-même qui est le point de départ de la vie religieuse autant pour les petits enfants que pour ceux qui ont atteint le développement moral. Nul ne peut dire comme elle est précieuse, cette perle de grand prix : la crainte de mal faire. C'est le commencement de la sagesse. Quand elle est inculquée dès l'enfance, c'est une seconde nature qui transforme le tempérament moral. Elle imprime un sceau de gravité et de distinction, une maturité précoce, qui ne se perdent jamais. Plus tard, chez les hommes surtout, le sentiment religieux peut s'atténuer, se refroidir; les années passent, le monde reste, avec son attrait, ses écarts. Mais le fond est toujours là, et le foyer, qui paraissait éteint, se rallume devant les appels de l'épreuve, du danger, ou de la mort.

Revenons à nos enfants. De ce moment ils s'aimèrent de plus en plus. Tous leurs jeux étaient partagés. Ils montaient à âne ensemble; l'âne était méchant, mais Franz n'en était pas intimidé. Au départ, l'âne se montrait récalcitrant; impossible de le faire marcher. On avait eu le malheur de lui donner du sucre en le sortant de son écurie, pour l'engager à être aimable. Sa résistance n'en était que plus têtue. Il venait coller son museau à l'endroit où il avait reçu ces gracieusetés et ne voulait pas en démordre. Les coups de la petite cravache pleuvaient sur son échine. Peine inutile! le baudet résistait toujours. A la fin, au moment où l'on s'y attendait le moins, il partait subitement au grandissime galop, détachant des ruades, et parcourait ainsi une longueur de deux à trois cents mètres; après quoi l'âne baissait la tête, la mettait entre ses jambes, et s'arrêtait net. Naturellement, le petit cavalier passait par-dessus le cou de la bête; et ce début de promenade recommençait tous les jours. Une fois l'enfant remis en selle, l'excursion continuait, mais non sans d'autres incidents, l'objectif de la bête étant toujours de se débarrasser de son fardeau. Franz n'en était nullement affecté, et dans ses chutes si fréquentes, il ne se fit véritablement mal qu'une fois.

Sous les apparences d'un caractère froid, il était très ardent, très déterminé, très adroit dans tous les exercices du corps. Depuis l'âge de cinq ans, il faisait de la gymnastique avec son frère. Celui-ci, pendu par un pied à un trapèze élevé, saisissait à terre l'enfant, qui grimpait lestement le long de son corps et venait s'emparer de la barre; ils faisaient ensemble mille tours à faire dresser les cheveux sur la tête; le petit se lançait en avant accroché par les pieds, se balançait en se tenant d'une main ou montait l'échelle de corde pour aller se pendre à l'anneau placé à une hauteur de six mètres. Tout en approuvant sa hardiesse, je ne pouvais m'empêcher de frémir. Ma frayeur l'amusait et il disait en riant à son frère : « Viens, allons faire les tours que maman déteste (*the thing that mamma hates*). »

Ce mépris du danger lui était naturel et se développa de plus en plus. Il n'avait peur de rien; mais il ne faisait pas parade de son courage. Le trait suivant montre cette tendance à cacher ce qui pouvait le faire valoir.

Au retour de l'armée d'Italie, on l'avait fait assister au défilé de ces troupes glorieuses, aux figures basanées, aux uniformes poudreux, portant leurs drapeaux criblés de balles. Je lui dis : « Regarde bien,

Franz ; tu vois ces drapeaux ; tu vois comme ils ont été déchirés par les balles. Les soldats qui les portaient n'ont pas eu peur ; ils auraient mieux aimé se laisser tuer que d'abandonner le drapeau qui est l'emblème de la Patrie. Et toi, quand tu seras grand, toi, tu feras de même. Tu prendras le drapeau, tu le porteras au premier rang, et là, tu défendras ton pays, et là, tu n'auras jamais peur des balles. » L'enfant, qui dévorait des yeux ce spectacle, si saisissant pour tous, se retourna, pénétré de ce qu'il voyait, mais, après un instant, le regard profond et ému devint brillant de malice, et, comme pour se défendre de l'expression de ses sentiments, il dit en riant : « Oh ! non, je ne me mettrai pas en tête du combat ; tu verras, je me mettrai à la queue du régiment, derrière tous les autres, et, à la première occasion, je me sauverai. » Et il continuait à dire en me regardant bien : « Tu verras ! » A ce moment, il avait un peu plus de 3 ans.

En 1865, il nous accompagna en Suisse, nous étions réunis en famille chez sa sœur aînée. Il avait près de 9 ans. D'autres personnes s'y trouvaient avec nous. Le cercle était nombreux. Il prenait sa part des distractions qu'on y recherchait. Il se joignait à tous les jeux : le croquet était alors le plus en faveur. Plusieurs joueurs y excellaient, et il n'était pas le moins fort, car il était remarquablement adroit en tout. C'était cependant toujours avec la même réserve qu'il prenait sa place dans la société des grandes personnes, ne se mettant jamais en avant et conservant toujours le sentiment des convenances avec un tact naturel parfait.

Il montait avec son beau-frère une belle jument, une bête toute jeune et très vive qu'il maniait parfaitement ; et ces longs temps de trot et de galop étaient sa plus grande jouissance. C'était une jolie chose de voir cet enfant si gracieux, portant sa petite toque et son costume anglais de touriste, manier ce grand cheval avec l'assurance d'un cavalier accompli.

Vers ce moment, nous allâmes tous ensemble faire un séjour à Louèche. Là, au milieu d'un grand cercle d'étrangers, sa tenue, ses manières polies, cette raison au-dessus de son âge, étaient remarquées. Il passait sa soirée au salon, se mêlant aux différents groupes, tout à fait indépendant des membres de sa famille, toujours réservé, toujours écoutant sans parler lui-même, se retournant de temps en temps pour voir de loin s'il avait mon approbation. Puis, venait l'heure d'aller se coucher; je lui faisais un signe, et cela suffisait; immédiatement il faisait le tour du salon, saluait les personnes qui s'y trouvaient, me gardait pour la dernière, et allait prendre sa bougie pour monter tout seul dans sa chambre au deuxième étage. Parmi nos relations les plus agréables, se trouvaient la duchesse de Rivière et ses deux filles dont l'une était Mme de Grancey. M. de Grancey, ce charmant officier de marine, qui fut, hélas ! une des victimes de la terrible guerre de 1870, me disait aimablement qu'il n'avait jamais vu un enfant si bien élevé. Ce petit compliment est un de ceux qui touchent toujours le cœur d'une mère, et je l'acceptais avec plaisir.

Trois ans plus tard, Franz revint encore faire un séjour en Suisse, mais ce fut, cette fois, sur les bords du lac de Genève. Là, les plaisirs ne manquaient pas non plus. Le bateau de plaisance dans le petit port de Fleur-d'Eau était à sa disposition. Il y conduisait tout seul les jeunes filles de notre entourage jusque bien loin dans le lac quand le temps était calme, ou bien côte à côte avec son frère et ses beaux-frères, prenant son aviron lorsqu'il s'agissait de lutter contre les vagues et la bise. Il rentrait alors, les pieds nus et trempés par l'écume qui déferlait sur le bateau. Il se joignait aussi aux grandes courses ainsi qu'à la pêche aux écrevisses. Il n'avait pas de cheval, mais il s'en dédommageait en montant sur un immense vélocipède qu'il avait enjambé d'emblée et conduit comme un vétéran dès son premier essai. Nous trouvons quelques détails sur ce moment-là dans une lettre adressée à sa grand'tante. Nous la reproduisons parce qu'elle montre avec quelle ardeur il s'adonnait à tous les jeux de son âge.

Dieulefit the 25 th. sept. 1869.

Dear aunt Laura,

I feel quite ashamed not to have written to you for such a long time. I do not know how it is, I never found time. I suppose I amused myself too much. I had the boat, and in the evening we all went in it. The day Henry went away, Monsieur Edmond Eynard lent his velocipede to Henri and Albert Monod. Though it was very big I used to go upon it very often. I went to fish with the fisherman when Feodor was not there, and that was almost every day, for he went to shoot or to pay visits with Isabella. Iplayed a good deal with Henri Monod at a game called " palets ,, or " aux boules. ,,

We went to the fair at Rolle all of us in the boat and Henri on the velocipede. We all bought " des mirlitons ,, and made a concert in the middle of the fair. That evening after dinner I put the nets with the fisherman. The monday after that day (it was monday last) we went to Geneva. That morning we took in the nets that I had helped the fisherman to put a truite of eight pounds. We saw the fêtes; it was very pretty; the whole town was full of flags and illuminations. There were " des régates ,, on the lake, and in that fête Gabriel Eynard was admiral! In the evening there were fireworks on the lake and they burnt a boat.

The next day there was " un cortège historique ,,. Gabriel was un syndic. I saw it three times: twice at the Corraterie and once in another street. In the evening we went to the illuminations. The next day we were to start. Every one told mamma that the train started at ten minutes past four and it started at 1/2 past three, so we missed it.

In the evening that day, we went to see the " décapité parlant ,,. The day before we saw races of velocipedes. A little boy not much biger than me gained one of them.

The next day we took the train for Bellegarde, they opened only one of our trunks. We breekfasted at Amberieux very well and we stopped two hours in Lyons where Minnie and I we bought a book.

We slept at Montélimar at l'hôtel de la Poste; the next day, before we started for Dieulefit, we took some eggs and bread and butter. Henri Morin has a velocipede that he lent me to day and I amused myself very much with it.

Good bye, my dear aunt Laura. Give my love to aunt Ryan and pat Basco for me.

Your affectionnate,
FRANZ DE MONTRICHER.

Le séjour à Dieulefit fut en effet très gai. Nos hôtes étaient charmants, et s'appliquaient à mettre chacun à son aise. Tout respirait la simplicité dans ce petit coin de terre où l'on retrouve les vertus partriarcales des temps passés. Les différents membres de la famille Morin recevaient à dîner chaque soir à tour de rôle, de sorte que la famille entière se trouvait toujours réunie. La table se composait journellement de 20 à 25 personnes. Je donne encore une lettre d'enfant (de sa petite sœur Marie) qui fait apercevoir le caractère de ces réunions.

Mon cher amour,

Mon bonheur est passé! Je suis de retour à cette assommante Marseille. Je dis : « mon bonheur », car j'ai passé trois semaines à Dieulefit ! Je m'y suis amusée comme trois rois. Dans le commencement il n'y avait point d'étrangers, mais après il en est venu ; ça n'empêche pas qu'il y ait eu tous les soirs, sans en excepter un seul, des dîners et souvent des soirées.

Je te remercie de ta charmante lettre que j'ai reçue au lieu de mon bonheur. Tu comprends que c'est à peine si j'avais le temps de faire quelques petits devoirs, et je te demande pardon de t'avoir laissée si longtemps sans réponse.

Revenons à mes plaisirs. Souvent j'allais faire de jolies promenades, et quelquefois j'allais à la Françoise, la campagne d'un vieux M. Morin qui avait ses petits-enfants chez lui, dont l'un s'appelait Charles et l'autre Marguerite. Ils sont tous deux très gentils, mais Charles, qui a 11 ans et qui est l'aîné, est celui que je préfère.

J'ai trois cousins à Dieulefit, Théodore, Henri et Édouard. Ce dernier est un peu jeune, car c'est à son baptême que nous avons assisté il y a deux ans. C'est un enfant délicieux ; il est dans le genre d'Amélie Roman. Mes cousins Théodore et Henri sont aussi tous les deux très gentils.

J'ai dansé, dansé, dansé ! presque tous les soirs. L'autre soir, maman allait me renvoyer ; Léontine était déjà partie, quand Mathilde est arrivée en disant qu'Henri ne saurait pas que faire si je ne restais pas, à cause de la danse, alors maman s'est laissé fléchir et m'a laissée. J'ai dansé entre autres deux quadrilles croisés. A propos de ce soir-là, je vais te raconter quelque chose qui te paraîtra « jolly ». Maman ne voulait pas nous mener au dîner, et alors, nous sommes restés à la maison pour dîner avec les enfants, car maman croyait que nous causions du dérangement. Mais nos couverts étaient déjà mis au grand dîner. Nous avions donc commencé à souper, lorsqu'arrive Henri en nous disant qu'on nous attendait chez Mme Betsy Morin, et que maman l'avait permis. Tu juges de notre étonnement ! Cependant j'ai vite passé ma robe en alpaga blanc et rouge, puis nous avons couru presque chez Mme Betsy, et maman ne nous attendait pas du tout !!.....

Le soir, avant notre départ, il y a eu une soirée chez Mme R..... Théodore a supplié maman, autant qu'il a pu, pour qu'elle me laisse aller, mais maman a été inflexible cette fois.

J'ai oublié de te dire que le même jour de la soirée où j'ai dansé les deux quadrilles croisés (je ne te dis pas les choses avec suite, mais ça ne fait rien), nous avons fait une course avec dîner champêtre. Nous étions dix-huit, et il est venu des personnes après dîner, entre autres Léontine et sa mère. On a joué à pigeon vole (pour les gages) et à la planche. J'étais de la partie. Puis on a joué au capitaine russe ; un monsieur Latune m'a engagée à courir avec lui, enfin j'ai été traitée en véritable grande personne, mais toutes les plus belles et les plus agréables heures doivent finir, et j'ai presque pleuré en quittant Montélimart.

Mathilde et Adolphe ont donné des colliers à Laure et à Pauline, de sorte que le soir de la soirée de Mme R.... ils m'ont donné 5 fr. C'était pour compensation. Mathilde aussi a donné une soirée où Laure et Raymond Morin ont joué une opérette très drôle et très jolie. Puis Pauline, un monsieur de Dieulefit, Henri Morin et Raymond Morin ont joué *Les Deux Sourds*. Dans une soirée de Mme Betsy, un artiste a été invité pour jouer de la musique non dansante et de la dansante. Cet artiste a un petit garçon de 14 ans qui joue admirablement du violon et du piano.

Il y a aussi dans le jardin un hamac pour se balancer dedans. C'est délicieux dans toute l'étendue du mot, mais il manque quelque chose à Dieulefit, et c'est toi, ma chérie.....

Quand, au commencement de ma lettre, je disais que Marseille est assommante, je disais la vérité pour maintenant; mais quand tu reviendras, alors je la trouverai délicieuse.

Tu m'as dit que tu avais monté à cheval, et c'est aussi ce que je désirerais beaucoup. Tu as été au théâtre ; moi aussi, j'aimerais beaucoup y aller.

Quand reviendras-tu ? Il me tarde de te voir. J'ai rêvé cette nuit que tu étais de retour.

M. Pighetti a fait pour Franz un très joli bateau ; il le lance aujourd'hui, et, pour cette occasion, il a invité Théophile à déjeuner. Il a été très occupé à faire un petit port.

Mon parrain (Auguste Morin) m'a donné 20 fr. quand je suis partie, et Raymond a fait un groupe de Franz et de moi ; Franz est beaucoup moins bien réussi que moi.

Mes poupées ont changé d'appartement ; maintenant elles ont plus de place, car il y a quatre chambres. Elles sont très bien installées, beaucoup mieux qu'avant. Bientôt tu verras tout cela.

Adieu, ma chérie, fais mes amitiés à Berthe et souviens-toi que ta cousine a bien envie de te revoir.

M. DE M.

L'année qui suivit, au printemps, six ou huit mois après cette joyeuse réunion de famille, M. et Mme Morin de Malsabrier perdaient à Paris leur fils Raymond, charmant garçon de 22 ans, unique objet de toute leur affection et centre de tous leurs intérêts. Un voile de deuil assombrit sans retour cette heureuse famille, encore frappée douloureusement depuis lors. Nous anticiperons un peu pour publier une lettre adressée par Franz à sa sœur, et où il parle de cette perte irréparable :

Lundi, 20 juin 1870.

Ma chère petite Marie,

Je viens de recevoir ta lettre et je profite de ce que mon maître n'est pas venu pour te répondre.

J'ai une bien mauvaise nouvelle à t'annoncer, le pauvre

Raymond Morin a été pris d'une fièvre scarlatine et Dieu l'a rappelé à lui samedi passé à minuit; ses parents étaient dans un désespoir effrayant et Henri, Cécile et Pauline ont été bien tristes. Sa maladie a duré à peine huit jours. Berthe est guérie maintenant et elle peut nous voir comme avant.

Tu me parles dans ta lettre d'une petite tragédie que nous pourrions jouer ensemble, mais à te parler franchement, je crois que ça ennuierait le monde. J'en ai déjà fait tant de tristes preuves! On ne le dit pas, on trouve tout charmant, mais à soi-même on se dit que c'est bien ennuyeux. C'est facile à voir; on tourne la tête, on cause quand nous faisons des charades, et on nous dit de l'air le plus bienveillant du monde : « Aurez-vous bientôt fini? » Aussi je te conseillerais de plutôt chercher à t'amuser toi-même que les autres personnes.

La campagne est charmante maintenant; M. Garrigues, aidé d'un de ses amis, a tapissé la chambre de maman, c'est très joli et je regrette bien que tu ne puisses la voir; on a arrangé le croquet et toutes les bosses et les creux ont disparu.

M. Pighetti m'a donné un charmant petit bateau, c'est une barque catalane; il a une voile latine sans foc; il est rond à l'avant et à l'arrière qui sont semblables, sauf le gouvernail. Le jour qu'il me l'a donnée (je mets le féminin parce que le complément direct est placé avant le verbe et qu'il est du féminin), je suis allé le remercier. Il m'a montré un bateau à vapeur diminutif de son « *Hortense* ». Il est parfait, il y a tous les agrès, deux petites ouvertures vitrées pour donner le jour dans la machine, la porte qui mène à la cabine, deux ancres et une bouée de sauvetage, mais il n'a pas une machine à vapeur.

Adieu, ma chère petite Marie, ton frère qui t'aime bien et qui attend ton retour avec impatience,

F. DE MONTRICHER.

Franz, après ses vacances, revint à Marseille et poursuivit pendant quelques mois encore ses études à la maison. Il continuait à se livrer à des exercices d'adresse, et jouissait de sa liberté. Sa petite compagne était toujours de moitié dans ses occupations et ses plaisirs ; on faisait des courses, on lançait les bateaux que Franz avait construits et gréés. On tirait au pistolet : un jour, pendant qu'ils tiraient, la capsule ricocha et vint frapper la petite sœur à la joue. Le sang coulait comme un ruisseau. Tout tremblant, il lui bassina la joue à grande eau dans la fontaine, mais le sang coulait toujours. A la fin il me l'amena ; ils riaient tous deux pour me rassurer, malgré le sang qui ruisselait. « Oh ! » dit-elle, « quel bonheur que cela me soit arrivé cette année et non l'année dernière ; c'est précisément le petit bout que j'ai grandi depuis, et ce me serait arrivé juste dans l'œil. » Ce fut bientôt pansé et un mois après il n'y paraissait plus.

L'âne avait été remplacé par un petit cheval qu'il nomma « Adolphe », et ensuite, un an après, par une grande jument pur sang, Ophélia. C'était une bonne bête s'il en fut, non comme celles qui lui succédèrent, entre autres Chimère, Palatine et Belle-Dame, dont les dispositions vicieuses et violentes furent l'occasion de déployer l'adresse, la fermeté et l'indomptable énergie qui firent de lui le plus accompli, le plus élégant des cavaliers. Triompher du cheval le plus difficile ne lui fut jamais qu'un jeu. Avec Ophélia, il se livrait à son amusement favori. Il faisait de la fantasia avec sa sœur; elle s'étendait de tout son long au milieu du pré, pendant que lui, prenant son élan du plus loin possible, lançait sa bête à fond de train et venait s'arrêter net devant elle. Il était si adroit cavalier déjà, qu'elle ne risquait rien. Il n'eût rien fait qui aurait pu l'exposer; et elle se confiait entièrement à lui.

Bientôt il allait entrer au lycée; il venait d'accomplir sa 15e année. Il était doué d'une intelligence très remarquable, mais il ne s'en doutait pas. Il n'y avait aucun développement factice en lui; on ne lui avait jamais fait d'éloge, et il ne pensait pas à se faire valoir. Il aurait pu passer, aux yeux d'un observateur superficiel, pour un enfant des plus ordinaires, car, très réservé, il ne se livrait jamais de prime abord. Et cependant, il embrassait sans effort les études les plus dissemblables. Il excellait dans les mathématiques, mais il semblait qu'il n'eût pas moins de facilité pour les lettres. A 14 ans, il faisait des vers charmants, où dominait toujours la note comique et spirituelle. Il y attachait d'ailleurs si peu d'importance qu'il n'apportait aucun soin à les conserver. Il ne nous en est point resté.

Ses études s'étaient poursuivies avec succès jusque-là, grâce aux soins de son excellent professeur, M. Mermet. Ses notes étaient toujours bonnes; il mettait à préparer ses leçons la conscience qu'il apportait à toutes choses. La modestie, la droiture, l'énergie de son caractère, se développaient de plus en plus. Son jugement était sûr et je le consultais souvent, même à cet âge, sur des décisions essentielles. Les conseils qu'il donnait sans prétention se trouvaient justes et sensés. Étant en vacances, il avait désiré se rendre utile en surveillant l'usine située dans la propriété de Sainte-Marthe. Il le fit pendant plus de deux mois avec beaucoup de régularité, et s'étant demandé un jour si le travail de nuit marchait aussi bien que celui de la journée, il se décida à aller faire une ronde à deux heures du matin. La nuit était très noire, l'usine assez loin, je l'attendis presque émue de le sentir hors de la maison à ces heures. Mais il revint aussi calme qu'il était parti. C'est aussi à ce moment qu'il avait voulu s'habituer à coucher par terre sur son tapis, afin, disait-il, de se former à la vie des camps. Son frère venant d'être appelé, au commencement de la guerre de 1870, à se joindre à ses camarades de la garde mobile, il entendait parler des privations qu'ils avaient à subir, et d'avance il voulait s'y façonner.

A la fin de cette année-là, il ressentit la première atteinte du mal terrible qui nous l'a ravi. Il fut très malade, et nous n'espérions pas le sauver. Il s'en rendait bien compte, et n'en gardait pas moins une parfaite sérénité. Je ne croyais pas qu'il comprît si bien son état, quand un jour, à la fin de janvier 1871, il me dit : « Quand est-ce qu'Henry arrive ? » Henry, sur sa propre demande, revenait d'Afrique, où il était avec la mobile, pour entrer à Grenoble dans un régiment d'artillerie, avec l'intention de se rapprocher du théâtre de la guerre. Je lui répondis : « Il sera probablement ici vendredi prochain. — Ah ! » me répondit-il avec une douceur et un calme parfaits, « vendredi ! alors, je ne le reverrai pas, vendredi je serai mort. » Comme il était à ce moment dans le plus grand danger, ces paroles me transpercèrent le cœur. Heureusement il devait se remettre cette fois-là, et reprendre de nouveau sa vie ; mais le terme en était bien peu éloigné !

Sa santé rétablie, il se remit au travail. Il entra au lycée, et obtint l'année suivante une dispense d'âge pour se présenter au baccalauréat : il avait 15 ans et demi. Le 7 août 1872, il passa brillamment l'examen. Ce succès ne fut pas le seul ; il continua à travailler avec ardeur, et l'année suivante, en classe de mathématiques élémentaires, il emporta le premier prix de mathématiques au grand concours des lycées de France. Les mathématiques étaient un jeu pour lui et faisaient son bonheur. Il me disait quelquefois : « Ah ! maman, tu ne sais pas ce que c'est, toi, que le bonheur de chercher et de trouver un problème. Il y en a de si jolis ! Tu n'as pas d'idée comme c'est amusant. »

Le théologien Cumming fait quelque part cette intéressante remarque qu'il y a une analogie, beaucoup plus étroite qu'on ne le penserait d'abord, entre la musique et la géométrie. Franz a parfaitement justifié cette observation. Il avait l'instinct de la musique : et sans avoir jamais eu de maître, il déchiffrait un peu, jouait du piano, du cor, de toute sorte d'instruments, et retenait avec une facilité surprenante les morceaux qu'il avait entendus une fois.

La même année où il eut le premier prix au grand concours, il eut également le premier prix de mathématiques au concours académique et le premier prix de sa classe. Son proviseur était fier de lui. Il parlait avec plaisir de son « brillant élève ». Deux ans plus tard, en 1874, il l'engagea à se présenter à l'École normale. Pour cette école, pas plus que pour le baccalauréat, il n'était arrivé à l'âge réglementaire. Voici dans quels termes la demande de dispense d'âge fut faite au ministre :

« Le proviseur du lycée de Marseille, chevalier de la Légion d'honneur, certifie que le jeune de Montricher suit depuis plusieurs années les cours du lycée en qualité d'externe. Le jeune de Montricher se fait remarquer par la douceur et la modestie de son caractère. Son éducation première a été très soignée ; il est fils de l'ingénieur qui a fait les travaux de l'aqueduc de Roquefavour. Ce jeune homme est très laborieux. Ses professeurs lui trouvent une aptitude toute particulière pour l'étude des sciences. C'est un excellent candidat. Le jeune de Montricher n'a pas encore l'âge réglementaire pour se présenter à l'École normale. Je prie M. le Ministre de vouloir bien lui accorder une dispense.

« *Le Proviseur du lycée,* GRENIER.

« Marseille, le 24 février 1874. »

C'eût été certainement un petit succès d'amour-propre d'être admis à l'École normale. Mais dès cette époque son objectif était l'École polytechnique. S'il eût été reçu, il eût donné sa démission. Ce ne fut donc pour lui qu'un demi-chagrin lorsqu'il apprit qu'il avait échoué.

Deux ans plus tard il entrait à l'École polytechnique, malgré l'interruption de travail (de près d'une année) qu'avait entraînée une nouvelle attaque de fièvre rhumatismale avec une endocardite des plus graves. Franz avait alors 20 ans. Il quittait sa maison et son entourage pour la première fois ; et si l'attrait du départ, d'une vie différente sont des distractions suffisantes à l'amertume de la séparation pour celui qui s'en va, il n'en est pas de même pour ceux qui restent. Pour ceux-ci tout est sollicitude ; à cet âge où les entraînements sont à craindre, où la santé déjà délicate peut s'ébranler, où de faux amis peuvent donner de mauvais conseils, où cette barrière contre le mal qu'on a cherché à élever autour d'eux peut s'écrouler et disparaître dans un naufrage toujours difficile à éviter, quel est le jeune homme, celui dont l'éducation a été le plus soignée, qui saura résister, entre 16 et 20 ans, à cette pente où tout l'entraîne ?

Ces craintes furent vaines. La conduite de Franz, pendant son séjour à l'École, fut irréprochable. Ce qui est à remarquer surtout est la manière dont la beauté de son caractère s'affirma dès les premiers jours où il fut livré à lui-même. Jamais pendant ce temps il ne fit une action qu'on aime à passer sous silence ; et, quoiqu'il fût privé de l'influence de la maison paternelle, les premiers principes qui lui avaient été inculqués et sa droiture naturelle le conduisirent avec une sûreté infaillible dans le chemin du devoir. Sa parfaite loyauté frappait dès l'abord même les étrangers. Ses camarades lui donnèrent toute leur confiance et toute leur affection.

Dès la première année de son entrée à l'École, il fut investi par eux des fonctions délicates et confidentielles de caissier. Le caissier est chargé : 1° de la distribution aux pauvres du quartier, qui sont tous préalablement visités par ses soins. Les fonds recueillis pour cela viennent des élèves, de leurs supérieurs et des personnes qui visitent l'École ; 2° des avances faites aux élèves qui peuvent se trouver dans l'embarras. Le jeune homme qui a besoin d'argent s'adresse au caissier pour lui faire part des circonstances qui l'obligent à demander un emprunt à la caisse. Le caissier examine sa demande, et, lorsqu'il la trouve justifiée, il lui accorde la somme voulue, quelquefois accompagnée de bons conseils. Le secret le plus absolu couvre le fait, ignoré de tous les autres élèves. On voit quel tact et quelle délicatesse demande ce poste. Mais s'il est flatteur, ce n'est pas une sinécure. Ces réceptions de pauvres qui se succèdent deux fois par semaine pendant les heures de repos de l'après-midi, les visites qui doivent leur être faites, la correspondance et les comptes à tenir absorbent beaucoup de temps. De l'avis de ses professeurs, ç'a été pour Franz une charge qui a pu nuire à ses études; cette opinion est consignée dans un des bulletins de l'École. C'est une chose touchante que de relire quelques-unes des lettres qu'il avait reçues des pauvres qu'il assistait: il mettait tout son cœur à sa tâche.

Voici la première page qu'il écrit après son arrivée à Paris ; elle renferme ses impressions sur ce régime si nouveau pour lui qui n'avait jamais quitté la maison.

Paris, 3 novembre 1876.

Ma chère mère,

Me voilà caserné complètement, et je ne me trouve pas trop mal. Les dortoirs sont chauds et nous sommes suffisamment couverts ; Henry doit partir aujourd'hui pour Marseille ; je lui ai dit adieu hier soir. Les cours doivent commencer ce matin, de sorte que je n'aurai bientôt que très peu de temps à moi. Nous sommes rangés par chambrées (neuf élèves dans la mienne) ; chaque chambrée occupe une salle d'étude et une table au réfectoire. Voici la journée : le matin, à 6 heures, roulement de tambours pour s'éveiller ; à 6 heures un quart, roulement pour se lever ; il faut être en salle à 6 h. 25 m., autrement on est puni ; on a alors étude jusqu'à huit heures ; à ce moment on déjeune ; on a ensuite étude de 9 heures à 2 heures ; à 2 heures on dîne, et on a récréation ou manœuvre jusqu'à 5 heures ; on a ensuite étude de 5 heures à 9, heure à laquelle on mange de nouveau, et à 10 heures on éteint les feux. La journée est donc occupée, mais sans exagération. J'ai trouvé immédiatement à l'habillement une tunique de grande tenue, qui me va très bien ; à l'intérieur nous portons la petite tenue, composée d'un pantalon à bande, un gilet et un berry, c'est-à-dire une tunique à un seul rang de boutons, avec un képi noir et rouge : on a absolument l'air de pompiers. Au casernement, nous avons de petits bahuts appelés « coffins » pour serrer nos affaires. J'y ai logé mes flanelles et mes chaussettes de laine en plus que l'ordonnance.

Je te renvoie par Henry le reste de l'argent que tu m'avais donné ; j'ai dépensé environ 200 fr. pour moi, et le reste a servi à payer le trousseau et la pension, qui s'élève à 1,032 fr. Mais on nous appelle pour aller à l'amphi, et je dois te dire adieu. Fais bien mes amitiés à tous et embrasse pour moi les chers petits. Tout à toi, ton affectionné

FRANZ.

On retrouve dans cette lettre la préoccupation qu'il a toujours eue jusqu'à la fin de ne pas dépenser plus d'argent qu'il n'était absolument nécessaire.

Voici sa seconde lettre, où il parle de sa santé ; il savait bien que c'était ma constante préoccupation :

Mardi, 7 novembre 1876.

Ma chère maman,

Je profite de la récréation pour t'adresser à la hâte quelques mots. J'ai reçu ta bonne lettre d'hier et j'irai voir le docteur demain à propos de ce que tu lui as écrit ; mais je doute qu'on me permette de suivre un régime et de prendre des médicaments sans entrer à l'infirmerie, et d'autre part je ne veux pas entrer à l'infirmerie, car je ne pourrais pas alors profiter des jours de sortie ; du reste le régime est très bon et très suffisant. Tu craignais que le repas du soir ne fût un peu court ; mais il ne diffère de celui de 2 heures qu'en ce qu'il n'y a pas de dessert. Nous sommes en plein travail ; mais il y a une chose qui, je le crains, m'empêchera d'avancer comme je le voudrais ; c'est le dessin, qui a une importance réelle et que je ne suis pas fichu de perfectionner suffisamment. On nous fait faire des dessins à la plume qui sont très difficiles. Nos anciens sont arrivés, et ils nous font quelques misères, mais rien de bien sérieux ; bref, cette vie n'est pas très amusante, mais elle est très supportable, et je me porte à merveille.

Adieu, chère maman, je suis obligé de te dire adieu, car la récréation finit.

Ton affectionné,
F. de M.

Amitiés à tous.

Paris, le 10 *novembre* 1876.

Chère maman,

J'ai reçu ta bonne lettre et les timbres qu'elle contenait ; je te remercie beaucoup, quoique l'envoi de ces timbres soit un reproche indirect pour n'avoir pas timbré ma première lettre. J'ai bien des choses à te dire, et je profite de la récréation pour cela. D'abord j'ai été voir le médecin, qui m'a permis de prendre du vin de quinquina comme tu le lui as demandé. Pour le reste, il ne peut rien faire ; mais le régime est excellent. Nous avons le soir, tantôt du filet de bœuf avec son jus, tantôt du poulet rôti, du gigot de mouton, et même, le vendredi, on ne fait pas maigre le soir. Je me porte très bien et supporte bien le froid, qui commence à devenir assez intense. Il y a eu un peu de glace dans la cour, mais les salles d'études et les casernements sont presque trop chauds. Tu me demandes comment c'est ventilé; il y a dans la fenêtre des parties mobiles qui peuvent s'ouvrir indépendamment de la fenêtre elle-même, et nous ouvrons souvent à la salle; pour le casernement, on le laisse fermé la nuit; mais il reste ouvert toute la journée. L'uniforme est très sain ; cette tunique boutonnée jusqu'au col avec une cravate bleue de soldat, empêche les rhumes de poitrine.

J'ai vu les notes que j'ai eues à l'examen d'admission, les voici : avec M. Moutard, 13, avec Laguerre, 12, avec Leroux, 11, et en allemand, 5 ; voilà pour l'oral. A l'écrit, j'ai eu 12 pour le problème de mathématiques, 13 pour le dessin (singe), 12 pour la composition française, 15 pour le calcul de triangle, 11 pour le lavis, et 13 pour le dessin de géométrie descriptive.

Tu m'écris que tu penses venir bientôt me voir avec Minet ; ce sera bien gentil de vous voir, mais j'aimerais mieux que vous ne veniez pas avant 15 jours, parce qu'on nous punit beaucoup au commencement, et que je ne pourrai peut-être pas profiter de vous autant que je le voudrais. Voici ce qui arrive : des élèves font un peu de bruit, un adjudant entre, prend les noms de 2 ou 3 au hasard, et leur donne 2 ou 4 consignes à chacun. J'ai attrapé ainsi, le plus innocemment du monde, 2 consignes et j'ai peur d'en attraper encore. Du reste, ils punissent pour des bêtises ; un peu plus tard, les élèves se calment, et les adjudants aussi ; on pourra alors éviter les punitions. Ainsi dans ma salle, hier, on parlait et on faisait un peu de bruit, l'adjudant est entré et m'a flanqué une consigne pour parler, à moi qui étais le seul à me taire. Le soir, un autre élève en a attrapé une, parce qu'il n'avait pas ses mains sur la couture du pantalon à l'appel. Ce qu'il y a de curieux, c'est qu'on se croirait libre ; il n'y a personne dans les salles pour surveiller. On va seul au réfectoire ; on monte seul au casernement ; seulement, si on se rend coupable d'un méfait, crac ! un adjudant ou un capitaine surgit et on est puni ; mais enfin, à ce que disent les anciens, cela va cesser dans quelques jours. Alors vous me ferez le plus grand plaisir en venant, car je suis un peu seul à Paris ; plusieurs de mes camarades d'école sont de vrais abrutis qui sortent du collège pour venir ici sans transition, d'anciens internes dont la société ne me plaît guère ; et en dehors de l'École, je ne connais à peu près que Théodore.

Mais enfin je ne m'ennuie pas trop ; je travaille passablement, et je crois que j'arriverai vite à ce degré d'abrutissement qui laisse passer les jours, les uns après les autres, sans qu'on s'en aperçoive en faisant sa petite besogne ; ça m'est déjà arrivé en spéciales, ça m'arrivera bien ici aussi. J'ai trouvé parmi mes anciens, le fils de B..., et L..., dont tu as connu, je crois, la famille.

Adieu, chère maman, embrasse bien tout le monde pour moi, sans oublier les chers petits.

Ton fils qui t'aime bien,
F. de Montricher.

P.-S. Comme exemple de punitions, nous avons un élève de Marseille, B..., qui a attrapé 13 consignes pour des futilités, et 4 anciens qui ont de 8 à 12 jours de prison.

Cette crainte d'enfreindre les règlements, ce respect de la discipline étaient innés chez lui. Je lui avais proposé de lui envoyer un livre religieux, mais l'entrée de tout livre étant interdite à l'École, il me répondit quelques mots en anglais par carte postale :

23 *novembre* 1876.

Chère mère,

All right. Good health. Dont send any book, as your letter mentions it, for I would be punished. I received your letter yesterday : I went out, and saw 3 acts at the Odéon. Give my love to every body and thank Albert et Lally for their letters. If you write to Bella, thank her also for her's. I am horribly occupied, et have worked all the time of the recreation this afternoon. Good bye; come when you like; the sooner will be the better.

Your son F. DE M.

Une autre carte postale du 21 novembre :

Dearest mother,

I beg your pardon for having been so long without writing; but I have had a great deal to do. I was obliged to remain working until 3 o'clock. Thank you for the chocolate; it was not seen and I have even finished it. I have received also some socks. Thank Minnie for her kind letter and tell Cecile also I have received her's. I am always very happy when I receive a letter of my dear ones at home. Good bye, dear mamma; kissthem all for me and take a great good kiss for yourself.

Yours F. DE M.

Suit une lettre du 24 novembre 1876, contenant plusieurs dessins comiques qu'il serait impossible de reproduire ici :

A ma mère, mes sœurs et mes frères.

(Votre joie probable en recevant ma lettre, fig. 1.)

Chers amis,

J'ai beau en avoir envie, je ne puis trouver le temps de vous répondre en détail ; je prends donc le parti de vous répondre en gros. Par ordre de date, je dois d'abord remercier Cécile de sa bonne lettre ; elle me charge de ses compliments pour le capitaine Dombre, chose que je n'ai pu faire encore, car bien qu'il soit mon supérieur direct, je n'ai que peu de rapport avec lui. Je dois ensuite remercier Marie, et puis Laure et Albert. Si ça ne vous ennuie pas, je vais vous décrire un peu notre vie à l'École.

D'abord, c'est excessivement ennuyeux, mais on finit par s'y habituer ; et le temps est superbe, froid et clair. Nous avons premièrement, à la tête de la machine, le tarrrrible colonel (par abréviation colo) et il a plu mercredi. Il (le colo représenté fig. 2) n'aime pas qu'on lui réponde ; ainsi, l'autre jour un camarade de promotion, ce qu'on appelle ici un cocon, nommé D..., avait allumé de la poudre dans la salle d'étude. Le susdit colo l'a fait appeler et lui a donné je ne sais trop quelle punition, et ça a fini par huit jours de prison. C'est dimanche qu'on doit faire les cotes traditionnelles ; si j'ai un peu de temps, je vous écrirai quelques mots à ce sujet. Nous avons ici un vocabulaire tout à fait particulier : un peu, un supplément, ça s'appelle un gigon ; beaucoup, un grand nombre, ça s'appelle un amphi (d'amphithéâtre, où il y a beaucoup de monde), et ainsi de suite. Je vous avais décrit, je crois, les misères que nous font les anciens; leur ardeur s'est considérablement diminuée depuis que l'un d'eux, ayant été pincé dans notre corri (corridor), a été puni de 15 jours de prison. C'est un adjudant, appelé vulgairement basoff, à l'École, qui l'a pincé. Le basoff en question, dont je vous envoie la gueule (fig. 3), s'appelle L..... C'est le plus fâcheux de nos basoffs. Mercredi, je suis sorti vers 3 heures et demie. J'ai fait une suite ininterrompue de parties de billard jusqu'à 6 heures, heure à laquelle j'ai dîné avec quelques camarades, et après ça nous sommes allés à l'Odéon, où l'on nous fait des faveurs comme élèves de l'École. J'ai vu un acte de lever de rideau et après ça deux actes sur trois d'une grande nouveauté, *Déidamia,* comédie héroïque en 3 actes. Vous ne savez peut-être pas que Déidamia, fille de je ne sais plus quel roi, fut l'épouse de ce petit coquin d'Achille, pendant son séjour chez les filles du susdit roi ; la scène représente Achille amené par sa mère Thétis au susdit roi et puis Ulysse et son ami (je ne me rappelle pas le nom de l'ami) qui viennent chercher Achille, et le reconnaissent à son affinité pour les épées. Je n'ai pas vu le dénouement, car il a fallu partir après le deuxième acte.

Je n'ai pas encore patiné depuis que je suis à l'École; d'abord parce que c'est un peu loin, ensuite parce que je ne sais avec qui y aller, et enfin parce que je n'ai pu encore élucider la question de savoir s'il est permis (par les conventions faites entre élèves) de patiner en tenue; or il n'est pas commode de se mettre en fumiste; mais quand maman et Marie viendront, je pense que je m'y serai mis.

Le régime de l'École me convient à merveille et je me sens très fort. Aujourd'hui, à deux heures, nous avons eu un dîner particulièrement abondant bien qu'il fût maigre : un excellent savarin a couronné ce repas composé d'un potage, une omelette et un turbot sauce hollandaise. Du reste, ce soir nous aurons de la viande.

Je remarque qu'on nous fait dessiner énormément ; malheureusement ce n'est pas ma partie, et je crains que cela ne me retienne hors de la botte. On nous donne des épures à à faire et un temps trop limité pour l'exécution de ce travail (à la Franz Monod comme phrase), de manière que je suis forcé de consacrer à ce travail presque toutes mes récréations et je suis très occupé.

Adieu, chers amis, embrassez-vous mutuellement pour votre petit frère qui vous aime bien.

F. DE MONTRICHER.

Comme on le voit, les jours passaient pour lui assez facilement à l'École, et il ne paraissait pas trop souffrir de son isolement. Cependant il attendait toujours avec impatience la visite promise de sa mère et de sa sœur. Il avait été d'abord convenu dans la famille de ne lui donner que l'argent qui lui était nécessaire, l'expérience prouvant que c'est trop souvent un danger pour les jeunes gens d'avoir de fortes sommes à leur disposition. Mais c'était un souci inutile à son égard, car il a toujours été à ce sujet d'une discrétion qu'il poussait même trop loin. Il avait beaucoup d'ordre. Jamais il n'a laissé accumuler les comptes. Après sa mort, malgré la réserve qu'il mettait à demander des fonds, il ne s'est pas trouvé une seule dépense arriérée à solder.

La lettre suivante montre la douceur de son caractère, qui se révèle même lorsqu'il pouvait supposer qu'il avait à se plaindre. On y verra que la pensée qui le préoccupait le plus est celle qu'on ait pu se méfier de lui.

Paris, dimanche 3 décembre 1876.

Ma chère mère,

J'ai reçu ta lettre samedi soir avec le billet qu'elle renfermait, et dont je te remercie bien sincèrement. Mais je dois t'avouer que ta lettre m'a un peu étonné ; d'abord tu me parles de quatre sorties par mois ; tu dois savoir que nous sortons le mercredi et le dimanche, ce qui fait environ neuf sorties par mois. Or la nourriture de l'École n'est pas luxueuse, et surtout elle est loin d'être variée ; je ne voudrais pas t'envoyer des plaintes par la poste, mais je me vois forcé de te montrer les choses comme elles sont. Donc j'aimerais pouvoir le dimanche et le mercredi prendre mes repas hors de l'École ; tu sais que cela ne se donne pas pour rien. Même le mercredi la sortie est à deux heures, mais on n'a pas encore déjeuné à cette heure-là, et j'aimerais déjeuner en sortant. Tu peux consulter des personnes compétentes, Henry par exemple, qui te diront qu'il est difficile à Paris de se tirer de ces deux repas à moins de 9 fr. environ ; si donc j'avais 9 fr. par sortie j'arriverais juste à me nourrir. Mais il pleut quelquefois, même souvent à Paris : tu m'as recommandé toi-même de prendre une voiture pour rentrer dans ces cas-là ; avec mes 9 fr. par sortie je ne le pourrais même pas. Je ne pourrais pas patiner, ni monter à cheval ; je serais obligé, les jours de sortie, d'errer comme une âme en peine, sans pouvoir rien faire, à moins cependant de rester à l'École pour travailler ; et je te promets qu'on en a assez après la semaine de travail qu'on nous fait faire. Du reste il me serait pénible de discuter ces détails avec toi, chère mère ; et ce qui m'est le plus pénible, c'est que je crains que tu ne me croies indigne de ta confiance ; et que c'est pour cela que tu veux me tenir un peu court d'argent ; surtout que tu avais déjà fait une allusion de ce genre dans une de tes précédentes lettres, à propos de B***, je crois. Enfin, je t'ai dit ce que j'ai sur le cœur, et j'espère n'avoir pas manqué au respect et à l'amour filial que je te dois et dont mon cœur est plein envers toi.

Mais parlons d'autre chose : j'ai été assez heureux cette semaine pour ma colle, et la note qu'on pique à cette colle compte pour le classement ; j'ai eu 17 en mathématiques, et j'ai été affiché sur une liste où on affiche les meilleures notes, c'est-à-dire 17, 18, 19 et 20, et les plus mauvaises : 1, 2, 3, 4, 5, 6 et 7. Malheureusement le dessin compte plus que les mathématiques dans cette affreuse École polytechnique, et cela va m'empêcher d'arriver dans un rang potable, vu que décidément je n'y suis pas adroit.

Nous venons de passer une revue du général, et nous avons fait la manœuvre de l'épée. Nous avons sortie ; malheureusement je crains qu'il ne pleuve aujourd'hui. Adieu, chère maman. Réponds-moi le plus tôt possible en me donnant l'adresse de Weber et Cie, et dis-moi comment je dois faire pour prendre de l'argent, et si je n'ai pas besoin d'une lettre. Si je t'ai parlé de ça, chère maman, c'est que nous en avions causé avec toi et Henry et que je m'attendais à avoir un peu plus que cela.

Ton fils qui t'aime bien, et qui espère ne pas t'avoir fait de la peine,

F. DE MONTRICHER.

P.-S. Embrasse bien tout le monde pour moi.

Voici la dernière lettre qu'il écrit avant l'arrivée de sa mère à Paris :

7 *décembre* 1876.

Chère maman,

Je t'écris pour te dire que je me porte bien, quoique je sois bien occupé. Nous sortons à l'instant de l'amphithéâtre, et je prends un instant de récréation pour t'écrire avant de me remettre au travail.

Je dois te dire avant tout que je m'ennuie bien, et que je voudrais bien que vous veniez bientôt. C'est désagréable de se sentir complètement seul. Je me réjouis beaucoup de passer les vacances de Noël avec vous. Malheureusement ces vacances seront bien courtes, car nous ne découcherons pas une seule nuit de l'École ; le dimanche, veille de Noël, nous sortirons comme les dimanches ordinaires, avec prolonge jusqu'à minuit trois quarts en plus ; le lendemain, jour de Noël, idem, et puis le mercredi après midi comme toujours ; après ça, nous aurons encore probablement prolonge le dimanche 31 décembre, et même chose le lundi 1er janvier ; mais enfin, ce sera toujours bien agréable de nous voir un peu pendant ces quatre jours.

J'ai été avec Théodore laisser une carte chez les Reille, qui lui avaient témoigné le désir de me voir. Mais il y a déjà quinze jours de cela, et je n'ai plus entendu de leurs nouvelles.

Nous avons eu à l'École une grande histoire à l'occasion des élèves de la rue des Postes. On leur a fait à l'occasion des cotes une cote habituelle qui revenait en substance à les inviter à vivre en bons camarades avec nous, et à se soustraire à l'influence des Jésuites qui continuent à les suivre même lorsqu'ils sont à l'École. Les Postards ont répondu à cela par une protestation qui revenait à ne pas paraître à la cote ; car pour ces cotes on fait monter l'élève en question sur une estrade et on lui fait un discours ; l'élève qui devait monter sur l'estrade est celui des Postards qui a été reçu dans le meilleur rang. Comme je viens de le dire, il ne s'est pas présenté quand on l'a appelé. Les anciens ont fait alors un vote et ont décidé un rond ; c'est ainsi qu'on appelle une cérémonie très sérieuse qui consiste à aller à l'amphithéâtre dans le plus grand silence, se ranger sur les bancs et écouter pendant quelques instants un discours prononcé par un ancien aux élèves qui ont mérité le rond ; on se retire ensuite toujours en silence et très sérieusement ; ce discours est parfois très dur, et c'est une punition qu'on inflige ordinairement à une faute contre la camaraderie ou contre le respect dû à l'uniforme. Il est entendu que tout cela se passe entre élèves. Les Postards ont refusé le rond. On a alors décidé de les mettre en quarantaine jusqu'au 15 janvier, c'est-à-dire que personne ne peut leur parler ni dans l'École ni hors de l'École, sauf pour ce qui regarde les études ; on a fait circuler une feuille sur laquelle ceux qui veulent faire partie de la quarantaine se sont inscrits. Il y a environ 80 inscrits, entre autres les 2 promoteurs ; malheureusement quelques élèves du Collège Stanislas se sont crus obligés de se mettre en quarantaine, et entre autres trois jeunes gens très bien, un sergent de C..., et les deux frères de M.... ; par contre, un de mes camarades de salle, de B..., provenant du même collège, est resté avec nous. Il y a même un Postard qui a renié ses origines en se ralliant à nous.

Je ne sais pas si je t'ai dit que j'ai pour ancien le fils du vieux B...., le petit toutou chéri d'Henry. Ce jeune homme, qui professe la foi réformée, n'a pas craint de se rallier aux Postards, parce qu'il a des amis dans la bande. Cette histoire est fort ennuyeuse, car ce sont les jeunes gens les plus chics en général qui sont en quarantaine.

Adieu, chère maman, j'espère que tu as reçu ma dernière lettre, et en même temps je te prie de me pardonner si elle t'a fait de la peine ; ce n'était pas mon intention.

Embrasse tout le monde de ma part sans oublier les Aixois, et les chers petits.

Ton fils qui t'aime bien, et qui attend avec impatience sa maman et sa petite sœur,

Montricher.

P.-S. Le grain des punitions a passé ; la méchanceté de l'administration s'est bien calmée, et j'ai eu la chance de passer l'orage avec deux consignes seulement : quand vous viendrez, je pense que je pourrai jouir de vous en toute liberté.

Encore une carte postale écrite le 11 :

Dear mamma,

One word in haste to thank you for your kind letters; I received the money all safe and very easily. I went yesterday to a " matinée à l'Odéon ,, presided by the Maréchale. — There were ten scholars of the school who were " commissaires,,; Ill try to write to-morrow if I have time, to tell you of it all. I am expecting you next week. Your own,

F. DE M.

Ici se place le séjour de sa mère et de sa sœur à Paris, où elles arrivèrent le 18 décembre. Leur première visite fut pour lui une véritable émotion de plaisir. Ses yeux pleins de larmes en les voyant le témoignaient assez. Dès lors toutes ses journées de sortie se passèrent en famille, à jouir les uns des autres, et les personnes qui fréquentaient l'hôtel de la place du Palais-Royal remarquaient cette jeune fille et ce jeune homme qui avaient l'air d'être si heureux ensemble. La première pensée qu'on avait eue dans ce petit cercle en pension à l'hôtel (pour la plupart des familles anglaises) avait été que le lien qui les unissait était autre que celui de frère et sœur. Une dame ayant obtenu de moi quelques détails à ce sujet se retourna vers les autres en s'écriant : « Je vous avais bien dit que c'était son frère. » La tendresse et l'intimité de leurs relations, et le rayonnement qui entourait leur affection mutuelle, les avaient fait prendre pour des fiancés.

Voici un petit mot adressé à l'hôtel au commencement de janvier 1877 :

Ma chère mère,

Décidément nous avons prolonge demain dimanche. Si donc tu es toujours dans les mêmes dispositions, tu pourrais t'occuper des places au théâtre pour demain soir.

Je pense arriver à l'hôtel à midi ou midi et demi. Mille amitiés. Je ne mets pas de timbre parce que je n'ai plus d'argent. Tout a passé en chocolat.

Ton fils,

F. DE MONTRICHER.

Il vint en effet ce dimanche matin avec le plaisir de me communiquer qu'il avait obtenu la note 19 en mathématiques dans l'examen de la veille.

C'est ainsi que le temps se passait. Quelquefois le théâtre, quelquefois les promenades au bois, souvent le plaisir des patins à roulettes sur lesquels ils excellaient tous les deux ; les visites d'anciens amis ; la satisfaction de se retrouver ensemble à table deux fois par semaine ; la course en voiture pour le retour à l'École, telles furent les distractions qui remplirent ces quelques semaines trop vite écoulées. Sa mère et sa sœur repartirent le 10 février, et ne reçurent pas à Paris la lettre qui suit :

Paris, le 10 *février* 1877.

Ma chère mère,

Je viens de voir que nous avons prolonge demain, et qu'on laissera sortir les élèves punis de deux consignes à 6 heures ; de sorte que j'arriverai un peu tard pour dîner, il est vrai, mais enfin je passerai la soirée avec vous si vous n'êtes pas parties. Je crois qu'on doit jouer la *Fille de Roland* aux Français ; si ça vous allait, nous pourrions aller voir ça à nous trois. Si vous préférez autre chose, dites-le ; si tu n'as pas encore retenu un cheval pour moi, ne le fais pas sans m'avoir vu. Je n'avais pas pensé à te dire qu'il faut un cheval habitué au sabre ou à l'épée, et je m'arrangerai moi-même. Adieu, chère maman, embrasse bien Marie pour moi, et écris-moi ce que vous comptez faire dans le cas où vous seriez encore à Paris.

Ton fils,
F. de Montricher.

Sa mère et sa sœur étaient parties en effet ; mais il trouva son beau-frère Albert Monod, et en écrit ainsi à sa mère :

Paris, le 15 *février* 1877.

Chère maman,

J'ai reçu hier soir ta chère lettre dont je te remercie bien. J'ai en effet passé la soirée avec Albert dimanche ; j'ai commencé par dîner avec lui et après nous sommes allés au théâtre du Vaudeville voir une pièce nouvelle, *Dora*, dont on parle assez. Malheureusement, Albert n'a pu rester jusqu'à mardi ; ce jour-là nous sommes sortis à 2 heures et nous avons eu encore prolonge. J'en ai profité pour aller voir une autre pièce nouvelle, *La Marjolaine*, opéra bouffe en 3 actes de Lecoq. Je me suis bien amusé ; j'étais avec des camarades de l'École ; j'avais fait la connaissance de l'un d'eux chez Levat.

Seulement tout ça coûte un peu cher, et hier, craignant de manquer d'argent dimanche prochain, je me suis rendu de mon pied léger chez M. Weber, qui m'a poliment mis à la porte, disant qu'il avait écrit à ce sujet au papa Imer, lequel lui avait répondu qu'il lui en reparlerait.

Je te prie en conséquence de m'envoyer quelque argent avant dimanche, *simplement par lettre chargée*, de manière à ce que je puisse retirer mes affaires de l'hôtel (en payant 33 fr. que je dois) et déjeuner dimanche. J'ai monté à cheval mardi et je me suis bien amusé. Je pense aller remercier M. S. un de ces jours.

Dimanche nous avons le concert de Mme Érard, où je pense être commissaire.

Mais d'autres plaisirs que ceux de la correspondance me réclament d'une voix ardente et pleine d'autorité. Je dois faire de la chimie. Adieu donc, chère maman ; j'attends ta lettre.

F. de Montricher.

Compliments sincères à toute la famille.

Après cette lettre se trouve une lacune, c'était le moment du grand travail pour les examens. Il est probable qu'il a donné des nouvelles par cartes postales qui se sont égarées. La lettre suivante est du 5 mars.

Paris, 5 *mars* 1877 (*lundi*).

Chère mère,

Je viens de passer mon deuxième examen, et je n'ai vraiment pas eu de chance; quand on nous a donné à choisir nos examinateurs, j'en ai pris un qui donne de très bonnes notes quand on récite vite et sans jamais s'arrêter, mais qui pique très bas dès qu'on s'embrouille un peu. C'était un examen de géométrie, celui que je savais le mieux et que j'avais travaillé comme un cheval. Hier j'avais travaillé à l'École jusqu'à deux heures, et puis j'étais sorti complètement abruti ; enfin, ce matin j'ai encore travaillé quelques questions que je ne savais pas bien ; j'étais mal disposé, j'étais ému, et j'ai beaucoup bredouillé; malgré ça, je croyais avoir à peu près 13, un de mes camarades a pu entrevoir les notes, et il est revenu en me disant que j'avais 7. J'ai été complètement tué quand j'ai su ça. Je n'en reviens pas encore; mais cela prouve deux choses: qu'il ne faut pas être trop gourmand en fait de succès, et ensuite qu'il ne faut pas travailler au moment même de l'examen. Enfin, ce classement va être affreux, car l'examen a une grande importance. Peut-être pourrai-je me relever plus tard ; pour le moment, je suis complètement découragé ; c'est trop bête quand on a préparé un examen comme j'ai fait celui-là d'arriver à ce résultat. Un autre élève, qui n'a jamais rien fait, a eu 9 avec un autre examinateur. C'est une vraie loterie.

Enfin, parlons d'autre chose; j'ai dîné hier soir avec Albert, Théodore et M. T.... qui est très gentil. J'ai reçu tes 100 fr. dont je te remercie beaucoup. Je prépare maintenant mon troisième et dernier examen. Tout ce que je demande, c'est que ça aille bien. Je vais le travailler le plus intelligemment possible.

Adieu, chère mère; ton fils qui t'aime,

F. DE MONTRICHER.

P.-S. Mes amitiés à tous et en particulier à cette pauvre

petite Marie dont j'ai appris l'indisposition avec bien du chagrin. Envoyez-moi de ses nouvelles.

Cette lettre montre combien il était impressionné de l'échec qu'il avait subi. Il en sera toujours de même. Les tempéraments nerveux et impressionnables auront toujours le dessous dans les examens, en concurrence avec les natures fortes et calmes. Les dispositions physiques agissent tellement sur le résultat des examens, qu'il est rare que ceux-ci puissent être considérés comme le criterium exact de la valeur de l'élève.

Paris, le 12 mars 1877.

Chère mère,

J'ai passé aujourd'hui mon dernier examen. Je n'en suis pas mécontent. Enfin, c'est fini. Nous n'avons pas de vacances, seulement nous sortons aujourd'hui, demain et mercredi, et les élèves dont les parents habitent à moins de six heures de Paris peuvent y aller ; il me faut donc renoncer au plaisir de vous voir. Cette pauvre chère petite Marie me fait tant de peine ; il faut essayer, et cet été la mener aux eaux. C'est bien triste de ne pas vous voir, mais enfin nous sortirons un peu plus tôt à la fin de l'année. J'ai dîné hier soir chez Mlle Morin. Adieu, chère maman, j'écrirai demain plus longuement.

Ton fils qui t'aime,

F. de Montricher.

Voici la lettre annoncée qui se trouve datée du 15 mars 1877 :

Chère maman,

Me voici de nouveau au travail ; mais enfin cela va être moins dur que pendant les dernières trois semaines. Nous sommes sortis lundi, mardi et mercredi, avec privilège d'aller au théâtre. Entre autres, mardi, je suis allé aux Français où j'ai vu trois pièces charmantes : *Le Mariage forcé,* de Molière, *Gabrielle*, d'Augier, et *La Joie fait peur*. J'ai bien joui de ce spectacle ; les Français sont toujours agréables à entendre. Nous étions un certain nombre de camarades ; j'étais avec C....., un très gentil garçon. Ceux d'entre nous qui n'avaient pas plus de six heures de chemin de fer pour aller chez eux, pouvaient y aller passer deux jours ; pour moi, je n'y ai naturellement pas pensé. Quant à ceux qui restaient à Paris, ils étaient forcés de rentrer passer la nuit à l'École. Seulement, toutes ces sorties coûtent cher et je te serais bien obligé de m'envoyer un petit supplément pour finir le mois ; d'autant plus que nous allons avoir une quête à l'École. Comme tu le sais, il y a une caisse, et de temps en temps on fait une quête de tant par élève. A propos de cela, on va bientôt après cette quête, je pense, nommer les caissiers des conscrits ; cela se fait à l'élection et j'ai presque envie de me présenter ; c'est toujours une distinction. Il paraît que c'est une véritable élection, avec des proclamations, des discours, des affiches, etc.

J'ai reçu ta bonne lettre hier soir. Ça me fait bien plaisir que Marie aille mieux ; mais je suis si fâché de la savoir malade. Il faut tâcher de me la guérir bientôt.

Ces espèces de vacances qu'on nous a données m'enlèvent presque tout l'espoir que j'avais qu'on nous accorde des congés à Pâques, mais cela a suffi à me reposer. Je continue à jouir d'une santé que je pourrais appeler florissante, seulement ces malheureux examens, ajoutés à mes dessins qui sont faibles, vont m'amener à un rang bien mauvais; enfin, nous tâcherons de nous rattraper, bien que ce ne soit pas bien commode maintenant.

Adieu, chère mère, embrasse bien tendrement tout le monde pour moi.

Ton fils qui t'aime,

FRANZ.

Paris, le 19 *mars* 1877.

Ma chère maman,

J'ai reçu ce matin ta bonne lettre avec l'argent que tu m'envoies. Tu es vraiment trop bonne. J'ai bien regretté de n'avoir pu aller à Marseille après les examens; mais le ministre de la guerre a été inflexible, et nous nous sommes considérés comme bien heureux d'avoir trois jours. J'espère un peu avoir deux jours pour Pâques, c'est-à-dire qu'on nous lâcherait le samedi à 2 heures, jusqu'au lundi soir à 10 heures, pour ceux qui iraient chez eux, et le même temps, avec obligation de rentrer chaque soir à l'École, pour ceux qui resteraient à Paris. J'aimerais bien, s'il en était ainsi, pousser une petite pointe jusqu'à Marseille. Je pourrais partir par le rapide à 7 heures de Paris, et je serais à Marseille à 11 h. 45 m. Je repartirais le soir à 10 heures par l'express de manière à être à Paris le lundi à 6 heures. Ça me ferait tant de plaisir de voir tout le monde et en particulier cette pauvre petite Marie. Seulement, pour avoir une feuille de route pour une si grande distance, il faudrait attendrir le colonel. Tu pourrais m'envoyer une lettre pour lui, disant que j'ai une sœur gravement malade, ce qui ne serait qu'exagéré. Si Henry pouvait s'arranger de manière à venir à Paris juste à ce moment-là, nous ferions le voyage ensemble pour revenir. En tous cas, il ne faudrait pas envoyer la lettre au colonel, car je ne saurai si nous avons deux jours de congé que le jour même. Je lui porterai alors la lettre immédiatement. Tu reculeras peut-être devant la fatigue que cela pourrait m'occasionner, mais que ceci n'entre pour rien dans ta décision, car je suis vraiment de fer en ce moment-ci. Je ne me suis jamais si bien porté et je ne suis absolument sensible qu'à la faim ; et du reste le plaisir de vous voir, même pendant 10 heures, compensera et au delà un peu de fatigue.

Hier, j'ai été voir Mme de L...., une de mes anciennes amies d'Uriage. Elle a un petit hôtel ravissant au parc Monceau et a été très aimable. J'y ai été à pied. Il faisait un temps magnifique, et les Champs-Élysées étaient couverts de monde, de voitures, de chevaux, etc.

Mon malheureux examen m'a fait baisser encore plus que je ne croyais ; et, entre nous, je crois bien que la bosse est malade. Enfin, nous causerons de tout cela à loisir dans quinze jours, si ce que j'espère se réalise, c'est-à-dire d'abord que j'aie les deux jours, et que, secondement, le colonel me donne l'autorisation.

Ton fils affectueux qui t'embrasse de tout son cœur,

F. DE MONTRICHER.

Le voyage à Marseille se fit en effet, mais il ne m'y trouva pas. J'étais chez une de mes filles à Bourgoin, au moment de la naissance du premier enfant de celle-ci, et je n'eus pas le plaisir de le voir.

Ici, se trouve encore une lacune dans sa correspondance. Les lettres reçues à Bourgoin (et il a toujours écrit au moins deux fois par semaine) ont disparu, à l'exception d'une seule. Il fut légèrement indisposé à cette époque et voici comment il me l'annonce :

Paris, 18 *avril* 1877.

Ma chère mère,

J'ai reçu ta bonne lettre et je l'ai lue avec le plus grand plaisir. Remercie bien Fernand des jolis projets qu'il fait pour mes vacances. Je les vois avancer avec impatience.

J'ai pris un petit refroidissement, mais la chose est tout à fait passée. Dimanche matin, j'ai senti mes amygdales un peu enflées, et comme je sais que je dois me soigner, même pour peu de chose, je suis entré à l'infirmerie. Albert a passé la journée de dimanche ici et je n'ai pu rester avec lui, ce qui m'a beaucoup chagriné. Il a été bien gentil et il est venu me voir à l'École. Je serais sorti de l'infirmerie hier ou aujourd'hui, mais le règlement ne permet pas qu'on sorte un jour de sortie ou la veille d'une sortie; enfin, je n'ai plus rien du tout et n'ai jamais eu grand'chose. J'ai un appétit formidable et j'espère bien que ce petit séjour à l'infirmerie sera le dernier. On n'est pas mal du tout ici : on peut lire, travailler ou ne rien faire, à son gré. J'aurais voulu sortir dimanche, parce que j'avais une visite à faire à Mme Reille qui a eu la bonté de m'inviter avec Henry à dîner il y a eu dimanche huit jours. C'est une famille charmante, et les fils, qui sont de mes anciens, ont été très aimables pour moi. Au revoir, chère maman, je t'embrasse très tendrement, en attendant de tes nouvelles de Bourgoin.

Ton fils qui t'aime,

F. DE M.

Cette petite indisposition dont il y eut à l'École dans ce moment une véritable épidémie, fut, comme il le disait, sans aucune importance, mais je ne résistai pas au désir d'aller m'en assurer par moi-même. Je me rendis donc à Paris, et j'y restai une semaine. Je le trouvai encore à l'infirmerie, où il eut la surprise de me voir arriver. Nous jouîmes beaucoup tous les deux de ces quelques jours passés ensemble. C'est à ce moment qu'il m'accompagna à une réunion religieuse à la chapelle de la rue Royale. Son uniforme, sa physionomie intéressante, frappèrent l'assistance, comme le témoigne une lettre écrite par M. Armand-Delille que nous insérons plus loin avec quelques autres.

Sa première lettre qui se retrouve après cette visite, est datée du 21 juin 1877.

Chère maman,

J'ai reçu ta bonne lettre hier soir en rentrant, et je vais répondre par une lettre qui me sera personnelle. Je vais vous raconter les péripéties de ma course à cheval. Je suis parti de Paris à 5 heures avec mon camarade Despeyrousse dans l'intention d'aller à Saint-Germain-en-Laye ; mais pour avoir un peu d'ombre, vu qu'il faisait une chaleur torride, nous avons pris un chemin détourné. Nous avons été passer au fort du Mont-Valérien et nous avons fini par arriver à Saint-Germain à 8 heures du soir (en ligne droite il y a 22 kilomètres, c'est-à-dire l'affaire d'une heure et demie). Nous devions être rentrés à minuit trois quarts, de sorte que nous avons dîné rapidement, fait manger les chevaux et nous sommes repartis, légèrement gais, à 10 heures. Nous avons donc pris un chemin qui nous paraissait être le bon, et comme il fallait arriver à l'heure, nous sommes partis un peu vite. Au bout d'une demi-heure, nous nous sommes trouvés dans une lande déserte sans une maison, sans une lumière, sans un fumiste, et nous n'avions pas de montres. Nous commencions à être un peu inquiets, quand, vers 11 heures et quelques minutes, nous avons passé dans un village où nous nous sommes renseignés. Il paraît que nous allions à Versailles. On nous a montré la route de Paris dont nous n'étions, paraissait-il, qu'à 12 kilomètres. Nous avons forcé l'allure et, au bout de 10 minutes, nous demandons la distance à Paris : c'était devenu 14 kilomètres. Nous renoncions à arriver à l'heure quand nous nous trouvâmes à Neuilly, vers minuit moins 5 minutes. Il fallait être aux Champs-Élysées à minuit 10 minutes au plus tard, et trouver un sapin pour arriver à temps. Mais il y avait une fête à Neuilly, des roues illuminées hautes comme un second étage, et pas moyen de faire passer les chevaux. Du coup, je désespérai : enfin, nous prîmes à droite et nous demandâmes à un fumiste si une certaine rue conduisait aux Champs-Élysées. Ce communard-là nous dit que oui, et c'était une impasse. Enfin, revenant sur nos pas, nous avons pu passer dans la fête à grand renfort d'éperons et de fumistes bouleversés. Après avoir laissé les chevaux chez eux, pas de sapin en vue, nous sommes partis au pas de course. Nous avons fini par trouver une voiture, et en criant tout le temps au cocher de se dépêcher, nous sommes arrivés au moment où minuit trois quarts sonnaient à l'École. Nous sommes entrés en képi et nous avons eu la chance de n'être pas aperçus. Enfin, nous avons eu toutes les veines, mais nous avions bien nos 60 kilomètres dans l'estomac.

. . . .

Ici s'arrête la lettre, à laquelle manque la dernière feuille.

Paris, 2 juillet 1877.

Chère maman,

Je suis un peu pressé, de sorte que je ne t'écris qu'un tout petit mot pour te dire que tout va bien. J'ai passé la journée avec Henri-Charles Monod. Je prépare mes examens, ce qui fait que je travaille beaucoup ; c'est un moment un peu dur à passer, et je vais vous rapporter à Marseille une certaine dose d'abrutissement qui sera peu réjouissante. Sur ce, chère maman, je t'embrasse bien tendrement.

Ton fils qui t'aime,

FRANZ.

Baisers à tous. Boum !

On voit qu'il a de la peine à se soustraire aux effets de la déception par laquelle les premiers examens l'avaient fait passer. Il rapporta en effet chez lui, cette première année, une grande dose de découragement qui se fit sentir pendant toutes les vacances.

Voici une autre lettre du 14 juillet. Il cherche à s'y secouer et à nous donner le change par la plaisanterie. Il y mêle l'anglais et le français.

Dearest mother,

J'ai reçu the despatch que you sent me pour tell me that Esméralda would be au grand prix. A mon grand regret, I could not go, because I was consigné pour être allé sans autorisation in a salle autre que mine. But the weather était tellement chaud que I hardly regretted not going. If I knew the address d'Esméralda, j'irais lui pay a visit et m'excuserais.

Yesterday I ordered from Ström a costume d'été de fumiste to be less warm, car les chaleurs venues tout à coup are really indeed terribles. Yesterday evening j'ai dîné chez le général de l'École qui a été very amiable indeed and invited me for a concert he is to give on Saturday.

Plus que deux mois avant de vous voir tous! quelle chance, le jour où j'arriverai là-bas! Comment do you do, tous? — Écrivez-moi sometimes et give me news of every body. Did you ever see such a silly boy as me? I cant write a letter without putting some stupidity in it.

On Sunday next I intend going to ride on horseback and dine in some place or other in the country. I'll come back in the evening and it will be just only charmant.

Qu'est-ce qu'Henry dit du grand prix gagné par un coquin de cheval qui sortait on ne sait d'où, qui n'avait couru que deux mauvaises petites courses et qui était coté 60/1 ? Les book makers ont fait une tête (joyeuse). Ils ont gagné des sommes que je n'hésiterai pas plus longtemps à qualifier de folles.

Voici le moment des examens qui s'approche. Nous en passons un par semaine pendant six semaines. Ça va être affreux. Je termine ma lettre par les différentes phases que traverse un élève pendant les examens (suivent de nombreuses illustrations).

A ce moment, le voyant si surchargé de travail et désirant avoir des détails, je lui envoyai une liste de questions en laissant en blanc la place des réponses.

18 *juillet.*

D. Ta promenade à cheval a-t-elle réussi, et es-tu revenu sans pluie et sans te mouiller?

R. Voir la lettre ci-jointe.

D. As-tu déjeuné avec Henri Monod et qu'avez-vous fait ensuite?

R. Oui ; et nous avons joué au billard, et fait une visite à Mme Morin.

D. Faut-il t'envoyer des flanelles légères ?

R. C'est inutile, celles que j'ai vont bien.

D. As-tu un paletot léger pour mettre avec les vêtements civils et éviter les refroidissements ?

R. Oui, et il est gris.

D. As-tu échappé complètement à la fièvre des foins ou en as-tu eu quelques atteintes légères ? Le Dr Chargé désire le savoir.

R. J'ai eu quelque peu de fièvre de foin pendant une huitaine de jours, mais j'ai attribué ça au régime débilitant de l'École.

D. Quand auras-tu besoin d'argent ?

R. J'aurai besoin d'argent à la fin du mois. Je vais sortir trois fois par semaine à cause des examens, mais je ne demande pas plus d'argent pour cela. Seulement, j'enverrai les comptes de cheval que je ferai à l'avenir pour que tu me les renvoies avec l'argent pour les payer si cela te va. Je prends mes chevaux chez un marchand anglais qui en a 250. Ce sont de vrais chevaux de maître qui changent si souvent qu'il est difficile de monter deux fois le même cheval.

D. Quelles ont été tes notes depuis les examens ?

R. J'ai eu un 17 et 15 en mécanique en faisant tout mon possible. Un 15 aussi en stéréotomie ; malheureusement, ce n'est pas suffisant pour la botte.

D. La température s'est-elle un peu rafraîchie ?

R. Non, mais il pleut cependant quelquefois. Je renvoie à Marseille par l'intermédiaire de Ström mes habits d'hiver.

La lettre qui accompagnait le questionnaire et dans laquelle il donnait des détails sur sa course à cheval ne se retrouve pas.

Ses examens continuaient. Ils avaient lieu 3 fois par semaine. L'agitation nerveuse et la crainte de mal les passer augmentaient avec la fatigue qu'ils produisaient. Voici une lettre qui n'est pas datée, mais doit être du 26 juillet.

Chère mère,

J'ai bien des excuses à faire à tous les braves gens qui m'ont écrit et auxquels je n'ai pas répondu. Mais j'ai travaillé comme un nègre ces derniers jours. Je crois même que j'ai trop travaillé, car je viens de passer un examen et il s'est trouvé très mauvais. J'avais passé une nuit très agitée et m'étais éveillé dès 4 heures pour travailler au casernement. C'est fini maintenant pour la botte. Pour répondre à ta question : je dois au pavillon de Rohan environ 185 fr. ; si tu veux bien lui écrire, il t'enverra sa note et tu pourras la lui faire payer. J'ai encore une petite note chez le loueur de chevaux d'environ 50 fr. J'ai aussi le basanage d'un pantalon chez le tailleur de l'École, mais je pourrai le lui payer en rentrant. Si tu voulais m'envoyer mon mois d'août, chère mère, je te serais reconnaissant. Ce sera du reste le dernier de cette année heureusement. Plus que 20 jours, ô joie ! Many fond loves to all. I went to Fontainebleau ou sunday to see Helena.

F. de Montricher.

Paris, 29 juillet 1877.

Chère maman,

J'ai un petit moment à moi parce que je suis consigné et j'en profite pour répondre à ta bonne lettre que je viens de recevoir à l'instant. Je suis bien ennuyé de ne pouvoir sortir aujourd'hui, car ça me prive de la société d'Henry. J'ai passé un examen vendredi et je suis sorti après comme c'est l'usage. J'ai dîné avec Henry et Théodore le soir. Pour parler de choses plus sérieuses, il faudra que je paye ce que je dois avant mon départ, c'est-à-dire le pavillon de Rohan, le basanage de mon pantalon au tailleur de l'École et mon compte d'équitation. Je t'envoie les notes pour que tu voies le total. Tu me parles dans ta lettre de mon numéro de sortie. Quant aux carrières civiles en dehors des ponts et chaussées, il n'en faut pas. On est artilleur ou on ne l'est pas. Avec mes idées, la carrière des armes est une des seules qui puissent me convenir. Ceci posé, remercie bien Minet de ses lettres, de celle que je n'ai pas reçue aussi bien que des autres. Il est un sentiment bien doux pour moi, c'est de penser que le 17 août à 11 h. 45 m., je vous presserai tous sur mon sein décharné. J'ai pas de chance, je pars le dernier jour. Du reste, ça se tire au sort et le médecin ne peut rien y changer. On comprend du reste que tout le monde, les 250, ne peuvent pas passer les examens le même jour. On met cinq semaines à passer les examens, et ceux qui partent le plus tôt partent le 11.

Adieu, chère maman, et pardon encore de ne pas t'avoir écrit plus tôt.

Paris, le 1er août 1877.

Mes chères sœurs,

Je vous dois des lettres à toutes deux et je saisis un moment de liberté pour vous les adresser en une seule. Dites à maman que j'ai reçu sa lettre avec les 100 fr. qu'elle contenait et qu'elle est la meilleure des mères. Dans 15 jours, on va s'embarquer pour Marseille. Quelle douce joie, mes petits enfants ! Je vous écris de la chambre d'Henri. Il vient de me lire une pitrerie de Vacquerie qui m'a bien fait rire.

Ma pauvre chère Cécile, il paraît que tu as été souffrante, ça m'a fait tant de peine ; mais je n'ai pas bien compris la dernière phrase de ta lettre à Henri, ta commission pour moi. Il paraît que toi aussi, ma pauvre petite Minet, tu as été malade, ou plutôt souffreteuse, longtemps. Tâchez toutes les deux d'être tout à fait bien pour quand nous allons être tous réunis.

Ces derniers jours sont terribles, il semble que le temps ne veut pas passer et ces examens sont d'un long ! Dis à Quéqué qu'il est tout à fait gentil.

J'ai passé un dimanche à Fontainebleau avec les Imers. Je suis arrivé, j'ai déjeuné, j'ai visité le château, j'ai visité la forêt, j'ai dîné, je suis parti. Que faites-vous de beau dans la bonne ville de Marseille ? La Cannebière est-elle toujours à sa place ?

Mais la nostalgie me serre la gorge quand je pense aux Bouches-du-Rhône (il n'y a pas de rapport entre ces Bouches et ma gorge), la plume me tombe des mains et je suis obligé de vous embrasser bien tendrement toutes les deux, en vous priant de me croire désormais à toujours, ainsi que dans le passé,

Votre très respectueux et très obéissant servi..... quoi ? serviteur.

F. de M.

P.-S. Minet, j'ai reçu ta bonne petite lettre sur l'incendie qui m'a bien intéressé ; merci mille fois.

A la fin de cette année scolaire, se place un incident qui montre quelle confiance les autorités de l'École avaient en lui. L'ordre des examens était tiré au sort ; et l'on vient de voir qu'il lui était échu de passer un des derniers. Il n'y avait donc plus que quelques élèves à l'École au moment où il allait la quitter. Il rentrait un soir quand il fut accosté par un homme assez âgé, d'apparence respectable, qui lui dit : « Monsieur, je vois à votre uniforme que vous appartenez à l'École. Je désire vous prévenir, afin que vous en fassiez part à vos chefs, qu'un de vos camarades se trouve à Paris, malade, chez une personne d'assez mauvaise réputation. Je suis médecin, et c'est moi qui le soigne. Il est gravement malade de la poitrine et il serait à regretter qu'un Polytechnicien mourût dans une maison pareille. Voici l'adresse ; il faut agir immédiatement ; le cas est urgent. »

Franz, en rentrant, alla de suite prévenir le médecin de l'École, l'excellent Dr Fuzier qui avait pour lui une affection toute paternelle. Le docteur alla en conférer avec les autorités de l'École et revint en lui disant que c'était lui qu'on chargeait de voir ce qu'il y avait à faire. La mission était très délicate. Il fallait savoir si le jeune moribond consentirait à se laisser emmener. Il était à présumer qu'il subissait l'influence de son entourage et que celui-ci mettrait obstacle à son départ. Le docteur voulait le faire accompagner ; Franz refusa. Il pensait que sa visite serait moins pénible à son jeune camarade, avec lequel du reste il n'avait jamais eu de rapports, s'il était seul. Il se présenta en effet avec sa fermeté habituelle, et triompha de toutes les oppositions. Le pauvre mourant ne pouvait plus parler sans provoquer des vomissements de sang ; mais Franz s'assura du regard qu'il désirait réellement partir. Il déclara alors qu'il était chargé de le ramener dans sa famille et qu'il viendrait le chercher le lendemain. Le jeune homme le remerciait de son intervention par des regards touchants de reconnaissance.

Lorsque Franz revint à l'École, le médecin l'attendait avec une certaine anxiété. Il se fit rendre compte de ce qui s'était passé et il fut convenu que le départ aurait lieu comme Franz l'avait annoncé, le lendemain matin. Il y eut une consultation entre les deux médecins qui désiraient que Franz pût se charger, avec l'aide d'un infirmier, de reconduire le jeune malade chez ses parents à Poitiers. Franz hésitait. « Pouvez-vous m'assurer, leur dit-il, qu'il ne mourra pas en chemin, avant de pouvoir arriver chez lui ? » Le médecin qui le soignait lui dit : « Je l'espère, mais je ne puis pas l'affirmer. » Malgré cette terrible incertitude, malgré tout son désir, ses examens étant terminés, de rentrer directement chez lui, où il se savait attendu avec tant d'impatience, il accepta cette tâche pénible et entreprit un voyage long, fatigant et onéreux. Cela se présentait comme un devoir : il n'y avait donc pas à balancer; et les soins délicats et affectueux qu'il prodigua au jeune mourant pendant le trajet, furent ceux que la mère la plus tendre aurait pu donner à son fils. La reconnaissance qui se lisait dans les yeux du malade, qui ne pouvait s'exprimer autrement, furent pour lui une récompense suffisante. Arrivés à Poitiers, Franz ne voulut pas paraître aller chercher les remerciements de la famille; il y aurait perdu du reste, et inutilement cette fois, 24 heures de plus. Il se décida donc à le laisser à l'infirmier pour ce court trajet et continua sa route sur Bordeaux et Marseille. Il apprit plus tard que son jeune camarade avait vécu encore un mois après son arrivée chez lui; mais il fut un peu attristé de n'en recevoir aucune nouvelle par ses parents.

Pendant ce temps, sa famille, à qui il n'avait pas voulu faire savoir la cause de ce petit rétard, était très inquiète de ne pas le voir arriver. Il vint enfin, et tout s'expliqua. Il passa deux mois de repos au milieu des siens, jouissant de la vie de famille qu'il aimait tant. Malgré cela, on retrouvait encore chez lui la trace de l'amertume que lui avaient laissée ses échecs aux examens. Il avait peu d'entrain, et ne recherchait aucune relation. Il se concentrait en lui-même; ne demandait pas de distraction. Il ne manifesta même pas le désir d'avoir un cheval. Enfin j'insistai, vers la fin de son séjour, pour qu'il en louât un et il eut pendant une quinzaine de jours la jument Aïda.

Le moment était venu de rentrer à l'École. Après son départ, je fis une absence qui se prolongea jusqu'à la fin de décembre, et je n'ai malheureusement retrouvé aucune des lettres qu'il m'adressa pendant ce temps.

En voici une, d'une gaieté exubérante, écrite à son frère :

Mon cher vieux,

Je t'écris pour te dire que je pense bien à vous, les excellents bons de Marseille et de la Canne-Bière (d'où je conclus qu'un solide peut être liquide).

Les moutons
Follichons,
Franchissent les tertres
A Montmertres.

Maï moussu Debeling l'es pas ? Si vouli parlà.

Dis, je te prie, à maman que j'ai reçu sa lettre. Mac Calmont m'a envoyé l'argent, mais en un chèque sur une maison de Londres, de sorte que je n'ai pas pu le toucher mercredi. J'irai voir demain à une succursale de la Société générale ce qu'il faut faire pour cela.

Mercredi j'ai mangé la soupe chez Mme Schlumber.... quoi? Réponse : Schlumberger (inutile de remercier). Elle m'a chargé de ses amitiés pour ce bon Montricher aîné, de Marseille. Les petites affaires en boâ âs marchent-elles avec cette prospérité qu'on aime à voir dans une affaire industrielle ?

Je ne sais pas si j'aurais le temps de pousser une petite pointe jusqu'à la ville qui me vit naître (voir les registres de l'État si vil du 25 novembre 1856), pour le jour de l'an. Une administration qui ne se pique de rien moins que d'être paternelle menace de ne nous donner que le dimanche, le lundi et le mardi, ce qui serait court pour un voyage si long. Du reste, si je me vois forcé de rester ici, une lettre arrosée de mes larmes vous en avertira.

Plus que sept mois et demi, mon vieux zèbre, et je sortirai de cette boîte, comme un papillon aux ailes frénétiquement déployées sort de son cocon obscur et oléagineux.

Je ne sais où écrire à Henri-Charles, pour le féliciter de sa nomination vraiment étonnante à la place de préfet d'Auch. Il y aura au moinsse l'avantage d'être près de la patrie de Puget, qui est la tienne aussi, mon gros lapin. Une seule chose m'épouvante, c'est la considération du néant et le vide de l'avenir.

AIR CONNU : *Voilà, voilà la canne à Canada.*

La raison est à l'homme ce que le gouvernail est à la frégate sombre, qui fait mugir le flot de son éperon tranchant.

Les grands bois sont sombres, la lune luit, un homme isolé se glisse sans bruit sous de hautes futaies cherchant à assassiner une femme blanche, qui prend le frais sur le gazon. L'homme, c'est la réaction, qui est assez ignoble pour porter des gants ; et la femme blanche est la République aux ongles noirs. Mais un colosse armé d'une massue intervient et tue l'homme ganté. C'est l'opinion du pays qui a écarté les errements de la réaction.

Ton frère qui te chérit,
F. AIME.

Suivent deux lettres de la même époque adressées à sa mère à Amélie-les-Bains.

Ma chère maman,

J'ai reçu ta bonne lettre ce matin. Tu me dis que tu crois que j'ai bien fait mes calculs ; pour cela tu peux être bien tranquille. J'ai un mois entier en avance après la date probable où je recevrai l'argent de M. Calmont. Quant à ceux qui t'accusent d'avoir des illusions maternelles sur mon compte, je ne crois pas m'avancer trop en disant que ce ne sont que des menteurs. Je me conduis du mieux que je puis, tout en restant dans mon monde et en faisant une petite nuance de gomme bien innocente. Je suis rentré dans la vieille routine de l'École et le temps passe tout doucement. Le général nous a laissé entrevoir que nous aurions deux ou trois jours de vacances à Noël ou au jour de l'an. Si nous les avons, je pousserai une petite pointe jusqu'à Marseille pour vous embrasser tous.

Nous avons commencé à monter à cheval au manège et je me suis aperçu avec joie qu'un autre élève nommé V.... et moi, nous sommes les plus forts en équitation. V.... est fils d'un colonel de chasseurs à cheval et monte réellement très bien. Je crois qu'il est plus fort que moi. Tu parles de troubles politiques. Les affaires ont l'air de se calmer, et j'espère qu'il n'y aura rien. Du reste, s'il y avait quelque chose, ce serait fort ennuyeux pour nous, car un certain nombre d'élèves se battrait certainement avec le peuple et les autres avec l'armée. Je serais du reste du nombre de ces derniers ; mais il est probable qu'on nous empêcherait de sortir. C'est même sûr.

Quand j'ai été voir Mme H..., je n'ai pas eu le plaisir de la trouver ; mais j'ai l'intention d'y retourner mercredi prochain à 6 heures du soir. Je crois que c'est à cette heure-là qu'elle est chez elle.

Je prends de plus en plus le goût de l'armée ; je suis un des artilleurs les plus convaincus de l'École.

Mais c'est l'heure de dessiner et je veux dire quelques mots à Marie dont j'ai reçu la bonne lettre. Aussi je te dis adieu, ma chère maman, en t'envoyant mes meilleurs baisers.

FRANZ.

Ma chère Minet,

Tu as été bien gentille de m'écrire et je t'aime beaucoup. Je voudrais bien être avec vous et vos compagnons du noble faubourg. Tu seras bien gentille d'apprendre à monter à cheval, d'autant plus que cela fait partie intégrante de l'éducation de toute jeune fille parfaitement bien élevée comme tu l'es à tous les autres points de vue. Si tu viens dans la grande Babylone, je te ferai monter dans le bois de feu Boulogne. Comme je l'ai dit à maman, j'irai peut-être prendre un petit « peep » à Marseille. Du reste, je vous dirai la chose d'une façon certaine dans une dizaine de jours. Adieu, ma chérie.

Ton frère qui t'embrasse tendrement,

F. DE M.

3 décembre 1877.

Ma chère Cécile,

J'ai reçu ta bonne lettre hier soir, et je t'en remercie beaucoup. Je commence à me réhabituer à la vie de l'École, de sorte que le temps passe assez vite. Mes jours de sortie sont occupés par des visites, des promenades à cheval, des occupations de caisse et l'organisation d'un concert donné par les anciens élèves. Pour ce concert, j'occupe la double position de membre du comité et de membre de la sous-commission administrative. J'ai été voir le général Favé qui a été très aimable pour moi et m'a chargé de vous faire ses compliments à Henri et à toi. Quand Marie reviendra, rappelle-lui qu'elle m'a promis de prendre des leçons d'équitation pour pouvoir monter avec moi quand j'irai à Marseille.

J'ai revu le nommé L.... avec lequel j'ai dîné l'autre jour. Il est externe à l'École des mines et vient de prendre sa licence ès sciences physiques, ce qui est assez difficile.

Dis à Albert que j'ai fait sa commission auprès de M. T.... lequel a été très gentil et m'a invité à chasser à courre le lundi et le samedi. Tu comprends que je n'ai pu accepter. A l'intérieur de l'École ça commence à être très embêtant, d'autant plus que les histoires des Postards recommencent cette année. On a voté une quarantaine et les divisions renaissent :

de plus, la vie offre si peu de changement, et mes fonctions de caissier me donnent des occupations si ennuyeuses que je commence déjà à compter les jours des huit mois et demi qui nous séparent encore de la fin. Je ne sais pas du tout si nous aurons des vacances au mois de mars, mais cependant je l'espère, bien que cela doive retarder de huit jours ma sortie de la boîte.

Avez-vous vu les articles de la presse sur notre manifestation, ou plutôt sur leur manifestation, car je suis resté en dehors de cela? J'ai désapprouvé la chose, non parce que je ne trouve pas Thiers digne de cet hommage, mais parce que la manifestation avait un caractère politique absolument anti-militaire et que malheureusement l'École n'a que trop ces tendances de fumiste.

Adieu, ma bonne Cécile, embrasse-les tous pour moi et en particulier maman. Écrivez-moi quelquefois les uns ou les autres. Ton frère qui t'aime bien.

La première lettre qui se retrouve ensuite n'a pas de date, mais paraît être de fin janvier 1878.

Ma chère mère,

Il y a bien longtemps que je ne t'ai écrit; mais je pense qu'Henry t'aura donné de mes nouvelles. J'ai été l'autre jour au bal chez le général et j'ai dansé comme une petite folle. En dehors de cela, je commence à trouver la première école du monde fortement ennuyeuse. Je pense bien à vous, les bons amis de Marseille, et j'attends avec impatience le mois d'avril pour vous voir, Marie et toi, venir à Paris. Cependant je ne vous demande pas de venir avant cela, car de la fin de février à la fin de mars, je traverse une période d'examens et je serai peut-être obligé de rester quelquefois à l'École les jours de sortie.

Je suis allé au bois le dimanche avant celui où Henry est venu. Il y avait énormément de monde et je me suis beaucoup amusé à voir passer tous ces idiots, qui font régulièrement leur tour du lac tous les jours (*Allen Tagen*). Je me mets à apprendre l'allemand (*Sprechen deutsch*), parce que cela me sera nécessaire comme officier, mais c'est une étude ingrate.

Dimanche prochain se donne le concert des anciens élèves de l'École, qui a lieu dans la salle de Mme Érard. Mme F.... doit y chanter et se trouvera dans les mêmes coulisses que Mme Judic. (Ne pas confondre avec Punch et Judy.) Comme tu vois, ma chère mère, j'apprends aussi l'anglais. Je suis grand organisateur de ce concert, avec un comité d'anciens élèves. C'est moi qui ai placé le plus de billets.

Mais j'arrive au bout de mon papier et je t'embrasse bien tendrement ainsi que Marie. Ton fils qui t'aime.

Je ne pus aller à Paris, comme je l'avais projeté, au printemps de 1878. La sœur et le beau-frère de Franz, alors établis à Auch, emmenèrent sa sœur Marie lui faire une visite à la fin de mai. Ses lettres de cette époque manquent presque entièrement. Quelques carte-postes et une lettre de fin juillet se retrouvent seules.

4 avril 1878.

Dearest mother, I received all your nice things in good time. I was so occupied that I could not write. I am getting on all right. Good bye. F. DE M.

24 mai 1878.

I received your letter this morning. All is right. I am quite well. I love you all very much. I would like to know exactly the day of Cecile's arrival. I received my clothes. Good bye. F. DE M.

9 juillet 1878.

Dear mamma,

A word in haste to tell you I am quite well. I work terribly in this moment for my examinations. That is the reason I do not write more often. Today sunday, I have not gone out at all. I wish to get out of the school without being quite among the last. Goodbye my dear mother. Your son who kisses you morally, F. DE M.

Le même jour, 9 juillet, il écrit aussi quelques lignes à sa sœur Cécile en carte postale.

Dear Cecile,

A word to tell you I am well and to thank you for your kind letter I received the day of your departure. I am working very hard to try and get out of my examinations more honorably than last year. Today sunday I have not left the school. Kiss Henri and tell him to kiss you for me. Your own F. DE M.

5 août 1878.

My own dear mother,

I received your kind letter this morning and I felt so anxious te be with you in Marseilles. I cant be there before Friday. I pass my last examination on Thursday evening and I'll be hardly in time for the train. I hope I'll be able to take it. I dont want to go by Bordeaux and Auch because I want to be with you as soon as possible. These last times of school are quite a trial. I have not succeeded as well as I hoped to, but the principal is getting out of this. Your affectionnate son, F. DE M.

Il sortit de l'École polytechnique avec les galons de sous-lieutenant d'artillerie. Il revint chez lui heureux de la perspective de cette nouvelle carrière, la carrière des armes, qui avait tant d'attraits pour lui. Cette saison de repos dans sa famille fut bien différente de celle de l'année précédente. Il n'y avait plus pour lui de tension d'esprit, ni d'indécision. L'avenir lui apparaissait tout brillant de promesses; son sort était fixé; tout semblait lui sourire.

On se figure difficilement ce qu'éprouve un jeune homme qui revêt pour la première fois l'uniforme militaire. L'effet moral se fait ressentir immédiatement; il a conscience de la dignité de sa vocation, de sa valeur, de la responsabilité qu'il va porter. Le sentiment de l'honneur, du devoir se place d'emblée au premier rang. Franz, plus qu'un autre peut-être, ressentit cette impression. Il passa son congé avec tout l'entrain qui lui était naturel. Il rechercha les distractions. Il avait acheté un cheval nommé Nabab dressé pour la selle et qu'il voulut mettre à la voiture. Nabab était absolument rebelle au harnais et brisa deux ou trois attelages. Franz avait failli se faire tuer, mais il ne s'en montra pas ému. Il trouva moyen de débarrasser son écurie de cet hôte incommode, et mit à la place une autre bête plus vicieuse encore. C'était une magnifique jument, belle d'allures, de formes superbes. Il l'acquit à bon compte d'un jeune ami, M. J. G., qui quittait Marseille à ce moment-là. Le passé de la belle Palatine était un peu mystérieux. On l'avait vue paraître, disparaître, puis rester longtemps en charte privée dans son écurie. Les gens de cheval n'avaient pas su de quelle maladie elle avait souffert. C'était une maladie morale, et ces époques de retraite s'étaient passées sans doute à tâcher de calmer son système nerveux. Franz, fier de sa belle monture qu'il se proposait d'emmener avec lui à Fontainebleau, fit sur elle plusieurs promenades sans encombre. Sa main légère, sa connaissance de la bouche du cheval avaient subjugué au début toute tentative de révolte. Mais un matin qu'il sortait avec elle, il rencontra un jeune homme qui venait à cheval remplir un message auprès de lui. Les deux chevaux de se flairer avec satisfaction et de se placer côte à côte pour faire bonne route ensemble. Tout alla bien jusqu'au moment où les cavaliers voulurent se séparer. Palatine s'opposa formellement à cette séparation. Impossible de lui faire tourner bride, et ce dut être un spectacle singulier que cette bête superbe avec ce cavalier hors ligne se livrant un combat de volontés dont on ne pouvait prévoir l'issue. Elle bondissait d'un côté de la route à l'autre, ruant et se cabrant, secouant sa crinière et se couvrant d'écume. Tout le village de la Belle-de-Mai s'était rassemblé. Un homme qui voulut la saisir par la bride fut enlevé de terre et lâcha prise. Enfin, Palatine dut céder devant une énergie plus grande que la sienne, et retourner sur ses pas. Elle ne se tint pas, du reste, pour battue, et recommença de plus belle au moment où elle approchait de la grille. Elle avait de vant elle le pont du chemin de fer. Franz craignit un malheur et mit pied à terre. Le même soir, ne voulant pas en avoir le démenti, il la fit resseller, désireux de juger si la scène du matin n'avait été qu'une lubie passagère. Mais Palatine fut encore plus intraitable. Tous ses instincts vicieux s'étaient réveillés. Elle se cabra dans cette seconde promenade à en retomber en arrière. Il fallut toute l'agilité de son cavalier pour glisser le long de son dos et se jeter de côté. Elle fut mise en vente et M. J. l'acheta, non sans avoir été prévenu des défauts de son caractère.

Peu de temps après, Franz quittait Marseille pour faire sa première entrée à l'École d'artillerie de Fontainebleau. Les deux années qu'il y a passées ont été celles dont il a le plus joui. Il était, la seconde année, agréablement installé, avec deux bons amis, dans une charmante petite villa, sur la lisière de cette belle forêt qu'il aimait tant. Sa santé était excellente; il jouissait de tout. La permission de vivre à part, en dehors du quartier, est un privilège flatteur et une marque de confiance de la part de l'autorité supérieure. Cette faveur ne s'accorde que rarement et à un nombre très restreint d'élèves de seconde année.

Arrivé à Paris, où il passa quelques jours avant d'entrer à l'École, il continua à se préoccuper du cheval qu'il désirait acheter.

Paris, le 1er novembre 1878.

Ma chère maman,

J'ai reçu ta bonne lettre ainsi que celle de Marie. Je me porte très bien, et n'ai pas pris le moindre petit refroidissement grâce à ma pèlerine et à ma couverture. Je te demande pardon si je ne t'ai pas écrit plus tôt, mais je suis affreusement occupé en ce moment-ci. Le matin, je monte à cheval avec H.... et d'autres officiers, variables suivant les jours. Après ça je déjeune; H.... ne m'invite pas aux repas parce qu'il est seul avec sa sœur qui est un peu souffrante. Après cela nous allons à l'Exposition. Aujourd'hui j'ai fait des visites à l'École polytechnique, et le soir nous allons au théâtre. On vend demain des chevaux de M. de Lagrange au Tattersall. J'ai eu des renseignements sur deux ou trois par un ami de Sainte-Claire Deville qui est un sportsman, et s'ils restent très bon marché j'en achèterai peut-être un (on les vend aux enchères) parce que c'est décidément une bonne note à Fontainebleau, et on a parfaitement le temps de les monter.

Tu me dis que tu espères que je suis bien sage, mais je crois que je n'ai pas besoin de te répondre à cet égard. Tu me connais assez pour savoir à quel niveau j'ai placé mes principes!!!

Je t'enverrai à la fin de la semaine mes comptes d'équipement comme nous en étions convenus, et tu les payeras quand tu voudras. Avec ça je n'aurai pas besoin d'argent pour le moment, j'espère, sauf si j'achète un cheval, et alors il me faudra 100 ou 200 fr. de plus que je n'ai. Dans ce cas, je t'enverrai une dépêche.

Je t'embrasse comme je t'aime, chère maman.

Ton fils,
F. DE M.

Voici sa première lettre de Fontainebleau :

3 *novembre* 1878.

Chère maman,

Me voici à Fontainebleau depuis ce matin. Je vais tirer ma chambre au sort dans un instant. J'ai été au Tattersall l'autre jour, mais les poulains sont allés à des prix fous. J'ai envie d'acheter un cheval au manège de l'École polytechnique à Paris. Je pourrais l'avoir à 800 fr. et c'est un bon cheval pour s'amuser avec. Il n'est pas laid et je crois que ça fera mon affaire. Je t'envoie deux comptes qui montent environ à 600 fr., plus quelque petite chose. Je te prierai donc de m'envoyer 200 fr. si j'achète le cheval. Je t'enverrai une dépêche pour cela. Comme cela, ça fera les 800 fr. en question. Envoie-moi aussi l'adresse de Me Calmont avec un modèle de lettre. Embrasse bien Marie et Henry pour moi. Quand je me rappelle les trois bons mois que nous avons passés si « snug » en famille, ça me donne un sentiment de paix au cœur.

Je t'écris dans le café des officiers, au milieu du bruit des billes de billard. Mais tu excuseras le décousu de ma lettre ; je n'ai pas encore de chez moi. Je crois que le cheval sera une grande distraction pour moi, et ça me donne envie de l'acheter. Je regrette de plus en plus, en voyant le prix des chevaux, que cette belle Palatine n'ait pas bien tourné; elle était si belle et si agréable ! Si tu sais comment elle se fait, je te serai reconnaissant de me le dire.

J'ai reçu ta dépêche l'autre jour, mais comme j'avais écrit la veille, je n'ai pas jugé nécessaire de télégraphier.

Adieu, chère maman, il faut que j'aille au quartier pour tirer ma chambre.

Ton fils qui t'aime,
FRANZ.

Rappelle à Henry la recommandation au colonel J.....

21 *novembre* 1878.

Chère maman,

J'ai beaucoup de choses à te dire, et d'abord j'ai perdu l'adresse de M. Calmont et le modèle de lettre que tu m'avais envoyé. Je te prie de me les renvoyer le plus tôt possible. J'ai presque pleuré en apprenant la mort de Mourad. Je ne me rendais pas compte de l'attachement que j'avais pour cette bête si fidèle et si aimante. Je voudrais bien savoir qui a tué notre pauvre chien.

J'ai trouvé à Fontainebleau un cheval qui fait à peu près mon affaire. Mais si je l'achète, il faudra que tu m'envoies un peu d'argent, car j'ai été obligé encore d'envoyer 100 fr. à G. qui me les a demandés pour le bénéfice sur Palatine. Je t'enverrai donc une dépêche si j'ai besoin d'argent. Dimanche dernier, je suis allé à Paris et je suis allé voir Théodore et sa femme, mais je ne les ai pas trouvés. Je suis assez bien installé maintenant, après quelques dépenses inévitables. Nous avons tiré une très bonne grande chambre, bien aérée et bien chauffée, et nous l'avons meublée en grande partie avec des meubles à H..... Aussi est-elle très jolie. Nous avons un tapis moelleux, de beaux rideaux rouges; nous avons acheté un service à thé pour recevoir nos amis et quelques gravures de sport pour orner nos murs. Demain nous allons faire une grande promenade militaire, le mousqueton sur l'épaule, faisant fonction de servants pour les pièces. C'est un peu humiliant pour des officiers. Mais voici l'heure du mess ; embrasse bien Marie et Henry, et envoie-moi vite l'adresse et le modèle de lettre.

Ton fils qui t'aime bien tendrement,
F. DE MONTRICHER.

On voit qu'il n'est pas encore installé chez lui avec ses deux amis.

Fontainebleau, jeudi 15 *novembre* 1878.

Ma chère maman,

J'ai reçu ta bonne lettre hier, et je viens répondre à tes questions. D'abord ma chambre est bonne ; elle est grande, grâce à une grille à houille que nous avons fait installer dans la cheminée.

La vie est assez dure ici ; cependant, elle est très bonne pour la santé ; j'ai une mine excellente et un appétit qui m'étonne moi-même. Donne des détails pour Nabab. Je n'achèterai pas de cheval jusqu'à l'issue de l'affaire, pour pouvoir payer s'il y a quelque chose à verser. Ce serait bien agréable d'en avoir un cependant. Dis-moi si Henry compte venir à Paris prochainement ; en tous cas, je pense qu'il m'écrira pour me prévenir de son arrivée. Comment va la bonne petite Minet ? Embrasse-la bien fort pour moi. J'ai au nombre de mes travaux un exercice qui n'est pas particulièrement récréatif. C'est le dessin, dont nous faisons 4 à 5 heures par jour. Mes plans sont bien laids, et malheureusement ça compte passablement. Heureusement que cette scie-là sera finie et bien finie au moment où j'arriverai au régiment. Je crains bien qu'on ne nous supprime les congés du jour de l'an, parce qu'on veut nous faire sortir un mois plus tôt cette année ; et pour cela, il faut nous faire gagner du temps par tous les moyens possibles.

Dimanche dernier, le général nous a passés en revue. On sent une certaine différence avec l'École polytechnique pour la discipline et les relations avec les supérieurs ; le matin, il faut répondre à l'appel dans la cour à 6 heures un quart, et si on a un quart de minute de retard, ou si on n'est pas dans la position militaire correcte, on attrape un jour d'arrêts comme rien du tout. Quand les dessins ne sont pas terminés ou pas assez avancés, on attrape aussi des arrêts. Nonobstant, c'est une vie agréable.

Le mess est bon, et surtout très copieux, mais c'est fabuleux de voir ce qu'on peut absorber quand on a passé une matinée ou une après-midi en plein air.

Adieu, ma chère maman ; je t'embrasse bien tendrement.

F. DE M.

Fontainebleau (fin novembre 1878).

Ma chère maman,

J'ai reçu aujourd'hui ta bonne lettre ainsi que celle d'Henry avec le chèque qu'elle renfermait. Pour la question dont tu me parles, je ne demande pas mieux que de mettre mes Italiens en Mokta ; quant aux fonds de Me Calmont, je désire d'abord toucher le coupon, ensuite je pourrai les transformer, si tu es bien sûre que ce sera tout à fait solide et que ça commencera tout de suite à rapporter des intérêts, parce que je ne puis pas, dans ma position d'officier très subalterne, avoir de l'argent qui dort. En tout cas, agis pour les Italiens, et envoie-moi quelques renseignements précis avant que je dégage les Me Calmont.

Mon petit souper est arrivé l'autre jour très bien à point, et nous avons été très gais. Mon cœur s'est envolé plusieurs fois à Marseille pendant que je mangeais, et tous les invités ont envoyé leurs remerciements au génie bienfaisant qui avait vidé sa corne d'abondance dans notre chambre. Il y avait deux anciens, amis de C..., mon ami de l'E..., B... et D..., plus naturellement de M... et H.... Ça faisait huit comme tu vois, et nous avons beaucoup ri.

Je suis très content du genre de vie ici. Mon instruction militaire marche d'ailleurs bien. J'ai déjà eu 16 et 17 en théorie, et ce matin j'ai eu pour ma première colle en art militaire, la note 17. Il n'y a que le dessin qui ne marche toujours pas et qui me paraît affreusement long. Je monte tous les jours à cheval pendant une heure et demie ou deux heures. Je suis très content de ma nouvelle acquisition, quoique je regrette toujours un peu Palatine.

Dimanche, j'ai dîné à Paris chez le capitaine de P.... Ils ont été très aimables. Dimanche prochain, je dîne chez F....

Adieu, chère maman, je vous embrasse tous très fort.

Ton Franz.

C'est à ce moment-là que, toute incertitude sur la validité de la vente qu'il avait faite de son cheval Nabab à un Anglais qui avait cru trouver à ce dernier un vice rédhibitoire étant écartée, il fit l'acquisition de sa jument Belle-Dame, qui fut sa fidèle compagne pendant quatre ans. Quoiqu'elle fût difficile, il en faisait ce qu'il voulait. La lettre où il fait part de son achat et donne la description des qualités qu'il lui trouve ne se retrouve pas. C'était une belle bête de pur sang; pourtant il ne l'avait pas payée plus qu'il n'avait vendu son dernier cheval (Nabab), et, avec la conscience de ne pas avoir excédé le prix qu'il trouvait raisonnable, il jouissait pleinement de ces longues courses dans la forêt, où son temps se passait à dresser sa nouvelle monture.

La lettre qui suit n'a pas de date, mais doit être du 9 décembre environ :

Vendredi.

Ma chère maman,

J'ai reçu ta bonne lettre, l'autre jour, et je t'en remercie bien. Je me porte toujours à merveille et je ne m'ennuie pas trop. Je pourrais même dire pas du tout. L'autre jour, nous avons fait un dîner fin, entre artilleurs, pour la Sainte-Barbe, fête de l'artillerie. Ç'a été très gai. J'ai conservé tout le temps un sang-froid des plus complets, mais je ne saurais en dire autant du bon C....., l'ami de Marie, qui s'est retiré très pâle et l'air endormi. Cependant il a fait tout son service le lendemain sans rien manquer.

Je voulais te demander ce que tu penses de ce que je t'ai répondu l'autre jour à propos d'affaires d'argent.

Je te demande pardon de la discontinuité décidée qu'il y a dans cette lettre, mais je suis au milieu d'une invasion d'anciens qui viennent faire un punch dans notre chambre. Je monte tous les jours à cheval avec H..., et nous nous amusons beaucoup. La forêt est splendide, et dans toutes les directions on trouve des points de vue différents et tous très beaux.

Est-ce qu'Henry ne compte pas venir dans ces parages d'ici à un temps plus ou moins long? Il devrait venir voir notre petite installation à Fontainebleau, s'il passe à Paris. Mais il n'y a absolument pas moyen de continuer. Je te prie donc d'embrasser bien Henry et Marie pour moi et de ne pas oublier Laure, Albert et les chers petits. C... présente ses hommages à tout le monde.

FRANZ.

20 *décembre* 1878.

Ma chère maman,

D'abord pardon pour le papier, mais je n'en ai pas d'autre sous la main, et je n'ai pas d'autre moment pour écrire. Il y a déjà plusieurs jours que je voulais t'écrire pour te remercier du livre que tu m'as envoyé et dont la lecture m'a fait une vive impression; je serais très heureux si Henry voulait transmettre à M. Martin l'expression des sentiments qu'il m'a fait ressentir. Le colonel m'a fait appeler l'autre jour pour me remercier de l'exemplaire que tu lui as envoyé, et m'a invité à dîner pour le soir même (lundi). Il a été très aimable, quoique toujours un peu froid. Quant au général, il ne m'a encore rien dit.

Je dois dîner demain soir chez Mme D....., à Paris. Je lui avais fait une visite il y a quelque temps. J'aurais eu bien envie d'écrire un mot à ma bonne chère petite Marie, pour ses vingt ans; mais réellement, je n'ai eu que le temps de courir d'un service à l'autre et de monter mon cheval dans le manège, parce qu'il y a partout 30 centimètres de neige gelée et qu'on ne peut pas sortir à cheval. Nous avons énormément à faire en ce moment-ci, mais je ne m'en plains pas, parce que le travail est intéressant et de plus le temps passe extrêmement vite. Je n'ai pas eu le temps de m'ennuyer une seule minute depuis que je suis à Fontainebleau.

Comment s'est passée la vente? Est-ce que Marie s'est bien amusée? Raconte-moi un peu ce qui se passe à Marseille. Comment va Henry? et sa scierie?

Un de ces jours, un de nos capitaines d'artillerie est mort. Le pauvre garçon était poitrinaire depuis plusieurs années, et il a continué son service jusqu'à la dernière semaine. Quand il est entré à l'infirmerie, il ne pouvait plus parler et ne commandait plus depuis quelque temps. Toute la garnison de Fontainebleau était à l'enterrement. Mais je suis obligé de te dire adieu pour aller dîner. Embrasse bien Marie et Henry pour moi. Ton fils qui t'aime et qui jouit d'une santé superbe,

F. de M.

Paris, 22 décembre 1878.

Chère maman,

Ne pouvant trouver une minute pour t'écrire à Fontainebleau, je me suis résolu à le faire à Paris au café où je viens de dîner. Je me porte extrêmement bien, et je viens de recevoir ton envoi. Je te remercie bien, chère maman. Figure-toi qu'on ne me laisse pas assez de temps pour le jour de l'an pour aller jusqu'à Marseille. Il faudrait arriver à 6 heures et repartir par l'express du matin. C'est trop peu, n'est-ce pas? Ça va toujours pas mal à Fontainebleau, mais j'ai plus de travail que je n'ai jamais eu de toute ma vie. Il faut toujours être quelque part, sauf dans sa chambre. J'ai eu hier un grand chagrin. Il se trouve que je n'ai pas une belle voix de commandement, et que j'ai une mauvaise intonation. Tout cela vient de ce que j'ai la voix trop basse, et depuis je travaille, mais, hélas! en vain, à la faire monter en commandant sur le *ré dièse* au piano.

Comment vont tous ceux que j'aime à Marseille? Est-ce qu'on s'amuse un peu? Est-ce que Minet sort un petit peu dans le monde? S'est-elle amusée à la vente? Ce sont autant de questions d'un grand intérêt pour moi que je me pose sans avoir de réponse. Comment vont Laure, et Albert, et les chers petits? Est-ce que Raymond pense encore un peu au vieil oncle qu'il aimait tant pendant les vacances? Ou bien, est-ce que le vieux proverbe « loin des yeux, loin du cœur » trouve une nouvelle occasion de se montrer éternellement jeune et vrai? Je te prie de faire tous mes vœux aux membres de la famille pour le nouvel an, car réellement, la main sur l'endroit où il est probable que j'ai une conscience, je n'ai vraiment pas le temps *matériel* d'écrire.

Si j'avais une voix un peu plus haute, je trouverais la vie que je mène très agréable; mais je crains de ne jamais réussir pour le commandement. Le dessin m'est aussi peu favorable; il faut souvent que je dessine le soir chez moi pour arriver à finir ma tâche; mais enfin j'ai de l'ardeur et de la bonne volonté. Embrasse bien tendrement tout le monde pour ton fils qui t'aime et pense bien souvent à Marseille.

F. DE M.

Franz, après avoir renoncé à l'espoir de venir passer un jour de congé en famille, put obtenir une permission et vint surprendre les siens à six heures du matin le premier de l'an; il repartit le soir même. Le plus grand plaisir qu'il ambitionnât était de se trouver chez lui, même pour quelques heures. Sa correspondance, qui était si régulière, puisqu'il écrivait deux ou trois fois par semaine, subit ici une interruption, les lettres ayant été perdues.

Voici la première qui se retrouve :

Paris, 18 *janvier* 1879.

Ma chère maman,

Voilà bien longtemps que je ne t'ai écrit. Je te demande bien pardon, mais c'est toujours pour la même raison, c'est que je suis très occupé. Si je suis venu à Paris ce matin, c'est pour faire des visites, entre autres à la sœur d'un commandant de l'École, qui m'a invité à une soirée l'autre jour.

Nous venons de commencer un cours de géographie militaire qui est très intéressant et que je tiendrais beaucoup à suivre, mais qui me donne un mal épouvantable ; et tout ça il faut le faire le soir après dîner.

Comment ça va-t-il à Marseille ? Donne-moi quelques détails sur vous tous. Comment va la bonne petite Minet, et le gros Henry, et l'exellente Laure, et le doux Albert, et les délicieux bébés ? Nous avons eu tous ces derniers jours un temps abominable. Pendant deux jours il neigeait, et pendant deux autres jours il dégelait ; enfin, aujourd'hui, il fait un temps admirable.

As-tu des nouvelles de Cécile et d'Henri ? Il y a bien longtemps que je n'en ai plus. Leur élection de sénateur n'a pas été brillante, hein ?

Tu ne peux pas croire combien je suis heureux maintenant d'avoir appris à monter à cheval. Je vois certains de mes camarades pour lesquels c'est une véritable souffrance.

Pour moi, je continue à ne pas m'ennuyer et à trouver que le temps passe extrêmement vite ; mais malgré ça, je ne demanderais pas mieux que de me reposer un peu.

Marie sort-elle un peu ? Il faut qu'elle se distraie, c'est de son âge. Du reste, je ne crois pas que Marseille soit très gai cet hiver d'après ce qu'on en disait le jour de l'an.

Quand tu écriras à Isabelle, embrasse-la bien pour moi et dis-lui que si je ne lui écris pas, c'est que je n'en ai vraiment pas le temps ; je suis certainement bien plus occupé qu'à Polytechnique.

Adieu, chère maman ; je t'embrasse bien, et je pense très souvent à Marseille et à vous tous.

Ton fils qui t'aime,

FRANZ.

Ici se produit encore une lacune :

Samedi soir. (La date n'y est pas.)

Chère maman,

Un mot à la hâte pour te dire que je me porte très bien, que je suis très occupé, et que je te remercie bien de ta bonne lettre que j'ai reçue hier matin.

Notre bal a très bien réussi, et je me suis assez bien amusé. Je continue à travailler beaucoup, mais le succès n'est pas toujours à la hauteur du travail. Enfin, il faut prendre les choses comme elles viennent. Nous venons de perdre un de nos camarades de la promotion de nos anciens, qui est mort d'un abcès dans le gosier qui, en crevant, l'a étouffé. C'était le fils d'un professeur de Faculté à Toulouse, et celui avec lequel j'avais fait, il y a deux ans, une certaine course à cheval jusqu'à Saint-Germain, que j'ai dû te raconter alors. C'était un garçon d'une santé très robuste et qui aurait fait un excellent officier s'il avait vécu.

J'ai été très heureux d'apprendre que Marie s'amuse un peu. C'est de son âge. Embrasse-la bien pour moi ainsi que tous les autres, et excuse la brièveté de cette lettre.

Ton fils qui t'aime bien et pense bien souvent à vous tous,

F. DE MONTRICHER.

Fontainebleau, jeudi (date omise.)

My dear mamma,

I received your kind letter and the beautiful horsecover that you sent me. You are really much too kind for me. It is quite magnificent. I am also very thankful for the twelve pipes who are also much finer than I asked them. My friends send their thank for them also. I have received your second letter and I must excuse for not having yet answered the first, but I have been very occupied indeed all these last days.

I wrote to Mr. Mc Calmont to keep my money and send me the interest of it on the 1st of July. I have received the news of the death of Léontine's brother, did you hear of it? The other day I dined with Henri Morin's wife's brother; he is a reserviste at the 13th regiment which is at Fontainebleau for " les Écoles à feu ,,. He is a cousin of my friend de Maupeou. He told me he had seen Henry at the marriage of his sister.

What a terrible blow for the poor Empress! The prince was about our own age, and his death has made a great impression on a great many of my fellows. Who is to succeed him for the pretensions to the throne?

We have this afternoon a concours de tir. We are 37 of the best shooters who are to fire twelve balls each. We are classed for that, and I am the second. S..., that you knew in Marseilles, is the first. But he belongs to the sapeurs and theg dont do their concours with us, so I am the first of the artillery. We shall see this afternoon if I remain first in the Concours. The prize is 20 fr. to give to the men of the regiment for the first, and two prizes of 10 fr., also to be given to the same men.

My dear mamma, I am so happy to see the time passing on, and the end of the year coming. In two months and a few days, I am going to see you again all.

My mare is getting on pretty well, but I am a little anxious for her lungs. I am afraid that her illness should leave her "poussive ,,; that happens some times and is quite disagreable, because one cant sell a horse who has that illness which is *rédhibitoire*. I have no chance with my horses; at all events, I am not sure yet. It may not be so, and I beg you not to speak of it. I have not spoken of it neither, becanse if it was not so, having said it would be a very bad note for the mare.

Goodbye, my dear mamma, I kiss you very many times,

Your son,

FRANZ.

Fontainebleau, 16 *mai* 1879.

Ma chère Cécile,

J'espère passer avec vous la journée de dimanche en huit. Voici le fait : la semaine prochaine, je vais faire un lever de machines dans les manufactures de l'État à Bourges. Je tâcherai donc d'être le samedi soir à Moulins, et je n'en partirai pour être à Bourges que le lundi matin. Si je ne suis pas allé te voir plus tôt, c'est que j'ai toujours eu quelque chose d'important à faire le dimanche, et que j'ai remis mon voyage. Si Laure et les petits sont toujours à Moulins, dis-leur que je leur défends de partir avant mon arrivée.

Quel temps avez-vous à Moulins ? Ici c'est une pluie continue depuis trois jours. Cependant le pays devient charmant. La forêt est en train de verdir et de se faire très jolie. Les promenades sont délicieuses en ce moment-ci. Nous sommes en train de finir nos écoles à feu ; ç'a été un temps assez agréable à passer ; d'abord parce que cet exercice est intéressant, et puis nous avons été très libres pendant ce temps-là.

Comment vous trouvez-vous à Moulins ? Est-ce une ville plus gaie qu'Auch ? J'espère que vous répondrez oralement à toutes ces questions. Du reste, je vous récrirai encore de Bourges, pour vous donner mon adresse et vous dire l'heure de mon arrivée si décidément je puis m'échapper.

La semaine dernière, nous avons eu un très joli *rallie-paper* monté par l'École. Les deux bêtes étaient de mes anciens, et en tête de la chasse, il y avait le général et le colonel. Nous avons franchi 15 ou 20 obstacles de toute espèce ; à la première haie, un cheval s'est abattu, s'est débridé, et est parti au galop. Heureusement qu'on a pu le rattraper, et on a bien fait parce que c'est lui qui a pris la première bête. Quatre voitures qui contenaient les dames étaient guidées par un de nos camarades qui connaissait bien la piste, et arrivaient pour voir un passage de haie, ou des *à-vue,* c'est-à-dire que les deux bêtes paraissent en haut du rocher, tandis que la chasse est en bas du précipice, et se trouve en réalité très loin des bêtes. C'est un de mes bons amis qui est arrivé le premier, et un lieutenant instructeur d'équitation qui est arrivé second. Le soir, nous avons couronné la journée par un dîner très gai. Tu vois qu'on ne s'ennuie pas trop à Fontainebleau de temps en temps. Pour moi c'est une vie très agréable. Vous me raconterez la vôtre de vive voix. A bientôt.

Ton frère affectionné qui embrasse bien Henri,

F. DE M.

Dimanche, août 1879.

Ma chère maman,

Je te demande bien pardon de ne pas t'avoir écrit depuis si longtemps, mais cela vient de ce que tout le temps que je passe chez moi, je l'occupe à travailler mes examens ; je n'en ai pas encore passé ; le premier sera mercredi prochain, le second et dernier jeudi en huit, je pense (ici on ne sait jamais rien d'avance). Je pourrai donc partir vendredi ou samedi en huit au plus tard, et nous restons en permission jusqu'au 7 septembre ; j'ai encore la chance de passer le dernier jour de tous. Je t'écris à tout hasard à Marseille, et je pense que l'on te fera suivre de ma lettre. Tu serais bien bonne de me répondre dès que tu le pourras pour me dire où je dois aller vous retrouver, si c'est à Allevard, ou directement à Marseille, ou ailleurs. Je ne te cacherai pas que La Pioche a pour moi de grands charmes, mais je te supplie de ne pas modifier tes intentions pour cela, et surtout de ne pas raccourcir le séjour de Marie aux eaux. On nous a fait un classement provisoire pour tous les travaux de l'année, sauf les examens. C'est surtout le dessin qui intervient dans le classement, car tu sais qu'on en fait énormément ici. Aussi ne suis-je que le 59ᵉ, tandis que pour les travaux purement militaires (manœuvres, commandement, cheval, escrime, etc.), je serais le 8ᵉ de la promotion. Cependant j'ai monté de 70 rangs environ, et j'en suis bien aise ; les chances des examens vont changer un peu tout ça. Je dis chances, car il est difficile d'apprendre les matières entières de ces examens. Ainsi mardi je passe sur la géographie (4 volumes imprimés), l'art militaire (5 cours de 1 ou 2 gros volumes chacun), la mécanique (5 volumes), et la fortification passagère (1 gros volume). Tu vois d'ici que la chance doit avoir une forte part là-dedans ; d'autant plus qu'on est interrogé environ 15 minutes sur tout cela.

Je ne t'ai pas encore dit que j'ai eu un succès le jour du *rallie*. Je suis arrivé premier ou second. Il est difficile de dire lequel parce que nous ne courions pas ensemble sur une même ligne, et j'ai attrapé une des bêtes. Ç'a été très joli ; il y avait beaucoup de monde, beaucoup de cavaliers et pas d'accident ; j'ai invité Théodore Morin à y venir et il est venu avec un ami d'Albert, qui était invité par de Maupeou, M. T.... Ce dernier a envoyé son cheval la veille à Fontainebleau, et l'a très bien monté. Le soir, nous avons tous dîné ensemble dans un hôtel où ils étaient descendus.

Les deux autres gagnants du *rallie* étaient mon camarade de l'E..., dont je t'ai probablement parlé, et un sous-lieutenant de hussards ; les trois chevaux vainqueurs étaient tous pur sang. On a fait un retour solennel ; en tête une fanfare de cors de chasse ; ensuite les trois bêtes, avec de grandes écharpes en satin blanc, qui étaient leur marque distinctive. Ensuite, nous trois ; puis venaient le général, le colonel, le commandant de place, les officiers supérieurs et les capitaines de l'École, et enfin les élèves et les voitures. Quand je dis qu'il n'y a pas eu d'accident, je me trompe ; un de mes camarades avait un cheval qui, manquant d'appétit, n'avait presque rien mangé pendant la semaine qui précédait la course; aussi, au milieu de la course finale au grand galop, ce malheureux animal a faibli et ils se sont tous les deux allongés sur le gazon. Ils en ont été quittes pour une bonne secousse, qui a fait perdre la mémoire à mon camarade pendant quelques minutes.

Entre la course et le retour, il y a eu un lunch, auquel ont pris part les personnes qui avaient suivi la chasse en voiture, et au nombre desquelles il y avait presque toute la société de Fontainebleau et pas mal d'invités de Paris. Après cela, mardi dernier, nous avons eu le carrousel que l'École donne chaque année pour le général inspecteur, et auquel assistait toute la ville. Ce carrousel n'était monté que par les élèves de 2e année ; j'étais donc réduit au rôle de spectateur. J'ai alors inventé d'être commissaire à cheval ; l'idée a pris, et nous avons été quatre, deux à chaque entrée, jouant le rôle des gardes municipaux dans les fêtes officielles de Paris ; nous désignions les directions à suivre d'après les cartes d'entrée pour trouver les places ; nous faisions ranger les voitures, etc. Voilà, chère maman, les occupations des derniers quinze jours, et tu vois qu'il y en a eu.

Maintenant, il faut que je reprenne l'étude de la ligne stratégique du Jura, aussi je t'embrasse bien tendrement en te disant adieu. Embrasse bien Marie pour moi et donne-moi de ses nouvelles.

Ton fils, F.

Ici s'arrête ce que nous possédons de ses lettres avant sa rentrée chez lui au premier congé de Fontainebleau. Elles suffisent à montrer comme il portait légèrement la vie, comme il aimait cette existence partagée entre le travail, l'exercice au grand air dans *sa* forêt, et les distractions qu'il trouvait dans la société agréable dont il était si recherché.

Il revint alors pour les vacances et le temps qu'il passa chez lui pendant cette saison fut plein de charmes. Il avait 23 ans ; tout lui souriait. A cet âge, le cœur chante comme la nature au printemps. Il semble alors si facile d'être heureux ! On dirait que le bonheur vient se placer de lui-même sur ce sentier de la vie tout parfumé d'une brise charmante. Mais que de fois ce sont des lueurs trompeuses ! Le bonheur, où est-il ? Savons-nous où il réside sur la terre ? Il se montre parfois ; il apparaît, on croit le saisir, — et déjà il a disparu. Le rayon de lumière qui l'apportait s'éteint tout à coup et laisse de plus profondes ténèbres après lui.

Franz trouva un cercle de famille très animé. Chez lui, une réunion nombreuse de sœurs, de beaux-frères et d'enfants, et de plus la maison hospitalière de sa tante à Mont-Redon. Là se trouvait un centre très gai. Le voisinage fournissait son contingent, et c'était comme un décor de théâtre que toute cette jeunesse dans ce jardin ombragé de pins sur le bord de la mer.

Les journées se passaient délicieusement. L'intimité et l'abandon en faisaient le charme. On allait à la pêche aux oursins, de rocher en rocher, avec le stimulant du danger, car la pierre couverte d'algues était glissante; — mais quel plaisir lorsque le succès couronnait les recherches ! Puis c'étaient d'autres distractions : le lawn-tennis; les photographies, par groupes, ou formant des illustrations de fables; les jeux d'esprit; les promenades le soir, lorsque les rayons de la lune se jouaient dans les eaux et que le bruit de la vague sur le sable faisait entendre son refrain monotone et doux. Puis venait l'heure du couvre-feu : la colonie de Sainte-Marthe reprenait le chemin de la maison, insouciante de l'heure et du temps. Gazelle, une jument arabe charmante qu'il eut pendant cette saison, faisait son devoir et abrégeait le trajet de son mieux. Quelquefois elle passait deux ou trois jours avec son maître dans ce voisinage aimé, et les orages qui furent fréquents cet automne-là offraient de charmants prétextes pour ne pas rentrer chez soi.

Mais comment supposer que des cœurs ouverts à toutes les impressions de cet âge pussent rester insensibles à l'attrait de cette jeunesse ? Qui aurait pu résister au charme de cet entourage gracieux, de ces éclats de gaieté intelligente ? Lorsque le cœur d'un jeune homme est droit et dégagé de préoccupations vulgaires, il n'est pas long à se prendre. Franz ne fut pas le seul à se sentir envahi par une séduction à laquelle il ne chercha pas sans doute à se soustraire. Dans cette âme neuve, où les impressions étaient à la fois si vives et si tendres, le sentiment s'enracina à une profondeur qui n'appartient qu'aux natures énergiques et viriles.

Une fois son cœur donné, il était donné en plein. Mais, pendant cette période, il se borna à adorer en silence la chère image qui devait désormais remplir toutes ses pensées, qui devait le suivre dans ses contemplations solitaires, sous les grands arbres de la forêt de Fontainebleau, quand, insouciant de tout, il laissait à sa jument le soin de le conduire ; l'image qui charmait ses songes de la nuit, que plus tard il retrouva dans le délire de la fièvre, lorsque, se trahissant enfin, il lui adressait les invocations les plus tendres et les plus touchantes.

Cette vie de famille si remplie continua pendant les six semaines de son séjour à Marseille, et il emporta avec lui le secret d'une affection qui ne s'était avouée que par des regards, langage si éloquent et si discret ! A cette époque, il ne m'en parla pas. Il avait bien des raisons pour cela ; la principale était qu'il ne se croyait pas sûr de mon approbation. Il pressentait des obstacles sérieux, dont il espérait sans doute triompher plus tard.

Le moment du départ approchait. Les travaux sérieux allaient reprendre. Il partit avec un stimulant de plus pour arriver au succès, et le cœur plein d'espoir. Il est si naturel de croire à l'affection quand on en a soi-même le cœur rempli ! Franz vécut toute une année de ces souvenirs, qu'il gardait et cachait comme l'avare garde et cache son or. Il s'y attachait avec la ténacité de sa nature énergique et passionnée, et osait entrevoir la réalisation de ses rêves. Il voyait de loin telle circonstance qui pourrait désarmer l'opposition, et il se sentait résolu à tout surmonter. Ce désir ardent semblait multiplier toutes les forces de son âme, déjà si vaillante.

Il garda donc ce trésor d'espérances pendant cette année-là, et plus d'un qui, avec la clairvoyance que donne l'amitié, devina ce qui en était, n'en fut jamais informé par lui.

Ses lettres n'en laissent rien paraître. On n'y voit qu'une certaine lassitude; il se plaint de la monotonie de la vie. Les distractions qui lui plaisaient auparavant n'ont plus d'attrait pour lui. S'il fréquente avec les autres officiers les salons de Fontainebleau, c'est plutôt par un sentiment de convenance que pour le plaisir qu'il y trouve. Voici la première lettre que nous retrouvons; elle est de la fin d'octobre 1879 :

Chère maman,

Me voici complètement installé, moi et mes deux bêtes. En arrivant, je les ai trouvées très désireuses de sortir un peu, car elles étaient restées longtemps sans être montées, et elles se seraient volontiers laissées aller à des allures un peu trop vives; mais maintenant elles sont calmées et vont très bien.

Mon service en ce moment-ci me laisse assez libre; je monte

à cheval cinq heures par jour en moyenne. J'apprends le pas espagnol à la jument de mon ami, de sorte qu'il sera très étonné, en revenant, de lui trouver ce nouveau talent.

Nous allons à Nevers dimanche prochain; seulement on nous met tellement de choses à faire (distributions d'instruments, recherche d'un logis, etc.), que je ne pourrai probablement pas aller à Moulins ce jour-là. En tous cas, je vais écrire à Cécile le jour de mon départ. Je ne serai probablement pas à Nevers même; d'après une indiscrétion d'un de nos capitaines, je crois que j'irai à Fourchambault, village voisin de Nevers. Nous allons voyager par train spécial, tous les wagons complets, et nous mettrons neuf heures pour aller à Nevers, au lieu de cinq ou six comme les trains ordinaires. Très agréable, comme tu penses!

Somme toute, le temps est réglé de telle sorte que je ne pourrai pas avoir de temps de reste, après ce travail, pour aller à Marseille comme j'y avais songé. Seulement j'aurai deux jours pour la Toussaint, le samedi qui est le premier et le lendemain dimanche. Je passerai ces deux jours avec vous, ou du moins la journée et la soirée du samedi, car le dimanche il faudra partir par l'express du matin probablement. Mais je vous verrai un peu plus pour le jour de l'an, où j'aurai 4 jours de permission, les jeudi, vendredi, samedi et dimanche. Je tiens tous ces renseignements d'un commandant d'artillerie que j'ai été voir aujourd'hui, et qui m'a divulgué les petits secrets.

Le froid commence un petit peu, et j'ai allumé mon premier feu ce soir. Il y avait un trou dans la cheminée qui s'est mise à fumer abominablement jusqu'à ce que je me sois aperçu d'où sortait la fumée. Du reste, un simple morceau de papier collé sur l'orifice a suffi pour arrêter le malheur.

Mais il faut que je te dise adieu, car l'heure du dîner est arrivée, et je t'embrasse bien tendrement.

Ton fils qui t'aime,

F. de M.

La visite projetée pour le 1er novembre n'eut pas lieu, mais il vint en effet passer le 1er janvier à Marseille, poursuivant toujours la pensée qui le dominait. Il y eut chez sa mère le samedi une petite réunion d'amis, qui fut sans intérêt pour lui; la seule personne qu'il eût désiré voir ne s'y rendit pas. Le lendemain était le jour du départ; il quitta Marseille avec son frère, que des affaires appelaient à Paris. Sa mère et sa sœur, qui partaient pour Moulins, se joignirent à eux, et le voyage se fit à quatre jusqu'à la gare de Tarascon. Voici sa première lettre à son arrivée à Fontainebleau :

Samedi, 10 *janvier* 1880.

Ma chère maman,

J'ai reçu ta bonne lettre l'autre jour, et je t'en remercie beaucoup. Nous sommes arrivés en parfait état l'autre jour à Montereau, mais vous, mes pauvres chéries, vous avez couru un danger épouvantable ! J'ai frémi en lisant ta description de cet accident qui aurait pu être si grave. Heureusement que vous ne vous en êtes pas doutées sur le moment. Quel temps avez-vous ? Tu me dis qu'il ne fait pas froid ; mais il doit faire bien humide. Soigne-toi bien, car il ne faudrait pas, après avoir échappé à une mort si violente, que vous mourriez poitrinaires à Moulins.

Est-ce que tu as bien remercié cette bonne Cécile à laquelle je n'ai pas encore répondu ? C'est horrible, mais j'espère qu'elle me pardonnera, parce que je l'aime bien tout de même.

Ici il fait bon comparativement. La température varie de deux ou trois degrés au-dessous de zéro la nuit à un ou deux degrés au-dessus le jour ; c'est très supportable. Le service marche toujours un peu monotone, mais le temps passe. Naturellement au bout d'une année, c'est toujours un peu monotone de faire des études dans une école, mais les sept mois qui restent passeront bien tout de même.

Cet affreux Henry n'est pas venu me voir à Fontainebleau comme il me l'avait promis ; et malheureusement je ne puis aller le voir à Paris demain, car j'ai une interrogation à apprendre, et des visites officielles qu'il faut absolument que je fasse.

Adieu, ma bonne maman, embrasse bien tout le monde pour moi, sans oublier petite Minet.

Ton fils, F. DE M.

L'entrain qui se montrait dans les dernières lettres de fin d'année a disparu. Le séjour de Fontainebleau, qui avait tant d'attraits, est devenu *monotone ;* il écrivait chez lui moins souvent.

Fontainebleau, 6 février 1880.

Ma chère maman,

Je suis en train de dessiner en salle où j'ai reçu ta dépêche ; calme ton inquiétude, je t'en prie : il ne m'est rien arrivé du tout, et j'espère qu'il ne m'arrivera rien d'ici à longtemps.

J'avais compris que la dépêche par laquelle j'ai répondu à ta dernière comptait pour une lettre. Je te demande extrêmement pardon de l'inquiétude que je t'ai donnée.

J'ai d'ailleurs à répondre à plusieurs de tes lettres. D'abord tu me demandes si je me suis occupé du bal des anciens élèves.

Je ne m'en suis pas du tout mêlé, vu qu'on ne me l'a pas demandé ; je n'y suis même pas allé.

Je monte beaucoup à cheval et j'ai patiné jusqu'à hier ; mais aujourd'hui, il dégèle tellement que nous ne pouvons continuer cet hivernal exercice. L'autre jour nous avons eu une fête de nuit sur la glace, qui a été très amusante. Nous avons éclairé une partie d'un canal qui a une cinquantaine de mètres de large, sur une longueur de 200 mètres, et le tout Fontainebleau était venu à notre fête.

Je vais aussi un peu chez les P...., qui reçoivent très agréablement et qui vont du reste bientôt changer de garnison et retourner à Londres pour la saison.

Nous avons eu une série de journées de printemps. Cependant la nuit il gèle un peu ; mais pendant la journée, il fait un soleil superbe qui fait fondre tout ça.

Figure-toi qu'on ne nous donne pas de congés pour les jours gras ; nous avons seulement la journée ou plutôt l'après-midi du mardi à partir de 10 heures du matin. A part ça, j'ai beaucoup de travail. J'ai d'assez bonnes notes, et tout le temps que j'ai de libre je le passe à cheval ou à un sport quelconque ; cela t'explique mon inqualifiable silence.

J'ai corrigé un cheval sur lequel on ne pouvait pas monter et qui appartenait à H.... Quand on voulait monter dessus, il se cabrait, en brandissant ses pieds au-desssus de la tête de l'audacieux qui avait une pareille prétention ; mais maintenant il se laisse faire très bien. Somme toute, *all is right.*

Sur ce, ma bonne maman, comme je suis en retard pour mon dessin, il faut que je te dise adieu, en t'embrassant tendrement.

Ne te fais plus des peurs comme ça, je t'en prie. Si jamais n'importe quoi m'arrivait, tu sais bien que je te le ferais dire tout de suite. D'ailleurs, je me soigne bien et je ne me suis jamais mieux porté. Ton fils qui t'aime bien,

F. de Montricher.

Février 1880.

Ma bonne chère maman,

J'ai reçu l'autre jour ta bonne lettre, et j'ai écrit à Me Calmont de vendre les valeurs et de les envoyer à F...., autrement dit, j'ai copié ta lettre et je l'ai envoyée. Es-tu sûre des valeurs dont tu me parles ? En tous cas, je m'en rapporte à toi pour acheter du solide.

Ici ça va pas mal. Le temps est au variable, tantôt neigeux, tantôt du soleil, mais rien de bien fixe. Je travaille toujours un peu, et ça marche pas mal. Je continue à monter régulièrement ma jument.

Si je ne gêne pas Cécile et Henri, j'irai leur demander l'hospitalité un de ces samedis, quand je n'aurai pas de colle le lundi, et pas trop de service au retour. Je m'assurerai par moi-même de l'état de cette pauvre Minet qu'une grippe horrible a attaquée. Il y a ici un tas de gens enrhumés en ville, entre autres la fille d'un commandant qui, devant venir l'autre jour à une soirée où j'étais, s'est évanouie en revêtant sa toilette de gala ; ce qui m'a peu impressionné d'ailleurs.

Mon binôme de M.... a eu un accident l'autre jour au travail militaire à cheval : il a reçu une ruade sur le devant de la jambe qui lui a percé la botte, écrasé les chairs et touché le périoste du tibia ; il lui faudra 15 jours de lit ou de repos complet pour le guérir, ce qui est ennuyeux. C'est un accident qui, heureusement, est rare, mais qui est joliment gênant quand il arrive.

Avez-vous de bonnes nouvelles de Marseille ? que devient Henry ? où en est la rougeole des enfants ?

Sur ce, ma bonne maman, il est l'heure d'aller faire un projet de canon, plus des calculs interminables pour une machine qui tire de loin et sûrement, et je dois t'embrasser bien tendrement en te disant au revoir. Si vous voulez de moi, je vous dirai le jour où je pourrai partir.

Mardi, 13 *mars* 1880.

Ma chère maman,

J'ai reçu tes lettres, qui sont toujours les bien venues, et que j'ai lues avec le plus grand intérêt. Ainsi cette affaire de M. est terminée. En tous cas, je crois qu'il est heureux qu'une solution nette se présente, car cet état de choses un peu indécis et flottant ne pouvait avoir, je crois, que des inconvénients.

Comment va ma chère petite Marie ? Je suis bien fâché de ne pas vous voir dimanche à Marseille. Est-ce que décidément vous ne retournez pas à Marseille ? Il me semble que la question étant tranchée, il n'y aurait pas grand inconvénient à cela ; d'autant plus qu'il faudra bien que vous y retourniez tôt ou tard. Mais enfin tu sais mieux que moi ce qui vaut le mieux pour Marie.

Comment vont Cécile et Henri ? Ici tout marche assez bien. Le temps est très beau, ce qui facilite un peu un service très chargé que nous avons en ce moment.

C'est ce grand nombre d'occupations qui fait que je n'écris pas aussi souvent que je voudrais le faire. Généralement, le service commence à six heures du matin et finit à cinq heures ou cinq heures et demie du soir. A ce moment, je monte ma jument jusqu'au dîner, et après dîner il faut que j'apprenne ma théorie, car j'ai généralement deux manœuvres tous les jours, une à cheval et une à l'artillerie de siège. Tu vois que j'ai peu de temps libre.

Adieu, ma bonne chère maman ; je vous embrasse tous bien tendrement. Je partirai samedi soir à 7 h. 13 m. par le rapide, et je quitterai Marseille lundi soir, également par le rapide.

Ton fils qui t'aime bien,

FRANZ.

Rien ne pouvait l'arrêter dans ce désir ardent de venir à Marseille ; son beau-frère, sa mère et ses deux sœurs cherchèrent à le retenir en venant de Moulins lui faire une visite pendant les vacances de Pâques ; mais ils ne réussirent pas à le faire renoncer à son voyage. Ils arrivèrent le jeudi et eurent la jouissance de le voir pendant quelques heures ce jour-là dans la forêt, où il vint les retrouver à cheval et leur présenta sa jument Belle-Dame dont il était si fier. Le lendemain soir, le vendredi, quelques-uns de ses camarades, tous amis dévoués, se réunirent pour dîner avec nous dans un de ces restaurants placés pittoresquement au milieu de la forêt, et la réunion fut très gaie. Le temps était superbe ; un clair de lune resplendissant ajoutait son charme à la vue des grandes roches qu'on parcourait comme en plein jour.

Franz partit le lendemain soir pour Marseille, après avoir passé encore une partie de la journée avec sa famille. Il arriva chez lui le dimanche matin. La maison dut lui paraître bien vide ; mais il avait un objectif en vue, et rien ne pouvait l'en détourner. Sa visite ne lui apporta pas ce qu'il espérait, et il repartit le lendemain soir pour Fontainebleau, triste et découragé.

Deux ou trois lettres de ce moment-là se sont perdues.

En voici une du mois d'avril.

22 *avril* 1880.

Ma bonne chère maman,

J'ai reçu hier soir ta bonne lettre et les 200 fr. qu'elle contenait; je t'en remercie. C'est bien assez; seulement il faut que je te rappelle cette ancienne note du bottier. Tu sais que j'avais compté que tu la payerais directement, et il m'a annoncé qu'il tirerait sur moi le 3 mai. Je lui ai donc répondu en lui disant d'adresser sa traite à Henry. La somme se monte à 100 et quelques francs. Ai-je bien fait ?

Alfred de M... va bien maintenant. Il est sur le point de partir en congé pour quelques jours, pendant que nous ferons notre lever de topographie. A propos de cela, mon adresse sera, de dimanche prochain à dimanche en huit, à Gissex-sous-Havigny (Côte-d'Or). C'est un petit village de 300 âmes, à quatre kilomètres du chemin de fer, où nous trouverons probablement peu de ressources. Je m'y trouve avec B... et H....

A part ça, il n'y a rien de nouveau ici. La vie continue, un peu monotone. Mon grand plaisir est de monter tous les jours Belle-Dame qui m'amuse assez.

Pour combien de temps es-tu à Marseille? Tu serais bien aimable, ma bonne maman, de me donner des nouvelles de tout le monde. Je suis si heureux de recevoir des lettres de vous tous.

Je t'écris en salle de dessin au lieu de faire un projet de batterie, de sorte que le devoir m'oblige à abréger et à t'embrasser bien tendrement.

Ton fils qui t'aime,

F. DE M.

Suit une lettre qui ne porte pas de date; elle doit être du commencement de juin. Il y parle de sa fièvre annuelle, indisposition dont souffrent quelques personnes au moment de la floraison des prés et qu'on appelle fièvre de foins :

Ma chère maman,

Je t'écris pour te dire d'abord que je vais très bien. Ma fièvre annuelle n'a pas été mauvaise cette année, et j'ai pu, sans me gêner, faire tout mon service jusqu'à présent.

J'ai reçu la tunique que tu as eu la bonté de m'envoyer. Elle est encore bien bonne pour les manœuvres, et me rendra service pour finir mon année.

Henry t'a dit, je pense, qu'il avait dîné avec moi jeudi dernier. Malheureusement ce soir-là j'avais la dernière répétition d'une comédie que je dois jouer mardi prochain, et j'ai dû, pour ne pas trop mécontenter mes co-acteurs, le laisser partir plus tôt que je n'aurais voulu. Je lui ai bien offert de venir nous entendre ; il a craint de ne pas pouvoir partir à temps. Mais je ne sais pourquoi je te dis tout cela, il a dû te le raconter lui-même.

Ma bonne maman, il faut aussi que je te dise que j'ai besoin d'argent. C'est triste à dire, mais je n'ai plus le sou, et je te serais bien reconnaissant de m'envoyer tout de suite environ 300 fr. A propos d'argent, j'ai reçu une lettre recommandée pour payer le 1er juillet, je crois, le 2e versement des mines d'Anjou. Serais-tu assez bonne pour t'occuper de cette affaire ? Tout ce que tu feras sera bien fait.

Une chose qui me fait plaisir, c'est que, dans moins de trois mois, je pourrai aller vous voir à Marseille, et même j'aurai deux mois à y passer. Du reste, le temps passe très vite ; je suis extrêmement occupé, d'abord pour mes travaux et mon service de l'École ; ensuite par mes répétitions de cette malheureuse comédie ; mais enfin, tout cela fait courir les jours avec rapidité.

Nos écoles à feu sont finies, mais j'ai eu un petit accident que j'ai raconté à Henry. Je conduisais un canon, monté sur un des chevaux qui le traînaient, quand, au grand galop, ce malheureux cheval s'est abattu, et je me suis trouvé par terre, la jambe gauche sous lui. Naturellement, je n'ai pas pu me relever puisque j'étais pincé comme ça, et on m'a cru abîmé. Mais le cheval a fait un mouvement qui m'a dégagé et je n'ai eu aucun mal absolument.

Sur ce, ma bonne chère maman, je t'ai dit toutes mes nouvelles, et je t'embrasse bien tendrement.

FRANZ.

La lettre qui suit est datée :

Fontainebleau, jeudi.

Elle est probablement du milieu de juin 1880.

My dear mamma,

I have received your very welcome letter and the 500 fr. it contained. Thank you very much. I hope I shall have enough to go until the month of August; but after that, I shall be obliged to ask for a pretty large sum, quite at the end, to pay my tailor, shoemaker, etc. Every time I ask you for money it feels quite disagreable to me. I only had asked for 300; and you send me five! But it will last longer so.

I acted my little play on Tuesday last, and I am very glad that bother is finished. I do not remember if I had told you of that play. Captain M..., whom Henry knew at Saint-Étienne, introduced me to a gentleman who asked me to act. I could not refuse, and I was obliged to do it. I was obliged to hire a costume of Béralde in the *Malade Imaginaire* of

Molière, and it was very expensive. It was a charade, and each part of it was taken from some different play. The first was an act of the *Voyage en Chine;* the 2^d^ from the *Imaginary Sick Man* of Molière, and the third from a piece of Scarron. The day I almost had an accident, the person who took the greatest interest in my leg was the gentleman I spoke of just now, in whose house we were to act. He was afraid I would not be able to go, and that his party should miss. " O vanité des amitiés humaines! as a Frenchman ,, would say.

Good bye, my dear mamma, I must send you a good kiss, and tell you how much I long for the day when I will take my ticket for Marseilles. I do not amuse myself much here now. I have a great deal to do, but I have enough of that life of school which has been lasting so many years.

Kiss all those I love at home. Your very affectionate

FRANZ.

Fontainebleau, juillet 1880.

Ma chère maman,

Voilà longtemps que tu ne m'as écrit, et que je ne t'ai donné de mes nouvelles. Aussi, je profite du repos du dimanche pour te dire que je me porte fort bien, et te raconter les rares nouvelles que je puis avoir à te communiquer de Fontainebleau.

La vie passe toujours un peu uniforme. Nous avons maintenant une nouvelle catégorie d'officiers qui suivent les cours, ce sont les officiers d'état-major qui sont versés dans l'artillerie, d'après la répartition faite, comme tu le sais, entre les quatre armes des officiers de ce corps. Il y a entre autres un capitaine que Cécile et Henri ont connu à Grenoble, M. Michal.

Nous avons commencé les répétitions du carrousel qui se

fera au mois d'août. Les deux grandes reprises sont conduites par S...-C...-D... comme le premier de la promotion, et l'autre par moi comme le moins faible en équitation. Tout cela fait un peu diversion dans le petit train-train de tous les jours.

J'aimerais bien arriver au mois de septembre pour vous voir tous. Est-ce que Marie est de retour à Marseille ?

Le temps est très variable ici ; tantôt il fait un beau soleil et tantôt un orage épouvantable, et cela à quelques heures d'intervalle. Malgré cela, je continue à me porter très bien. Je commence seulement à avoir assez de l'École. C'est ennuyeux d'aller tous les jours à la leçon, de prendre des notes, de rester une heure et demie sur un banc très dur, d'être puni pardessus le marché si on s'abandonne à un doux sommeil, d'aller en salle et travailler là 4 heures à un dessin plus ou moins fastidieux. Tout ça, c'est le collège, et voilà huit ans que je fais ce métier-là. Pourtant je suis encore privilégié ; il y a de mes camarades qui sont à l'école depuis 19 ans ; ce sont ceux qui sont entrés au lycée à six ans, et qui en ont près de 25 aujourd'hui.

Heureusement, je n'ai pas encore eu d'arrêts cette année. C'est une petite consolation.

Sur ce, ma chère maman, je t'embrasse tendrement.

Ton fils qui t'aime,
FRANZ.

Le moment approche où il va quitter Fontainebleau. Il se prépare à régler toutes ses dépenses avec l'ordre qui l'a toujours caractérisé dans les affaires d'argent depuis sa plus tendre enfance. Sa délicatesse en ces matières était admirable : c'était un effort pour lui de demander de l'argent, même à sa mère. Il s'en excuse chaque fois.

Fontainebleau, 28 *juillet* 1880.

Ma chère maman,

Je t'écris d'abord pour te dire que je me porte très bien. Ensuite pour te raconter un peu tout ce que je fais. Enfin, pour te demander de m'envoyer des fonds. Je suis bien à court, parce que je viens de faire mon dernier lever de plan, et comme tu sais, on dépense toujours un peu plus dans ce genre de travail. J'ai été envoyé, avec B... que tu connais, près de Versailles pour faire la carte du pays. Nous y avons passé toute la semaine dernière. J'ai encore eu quelques occasions de dépense parce que les régiments de Versailles sont venus faire leurs écoles à feu ici, et nous avons dû recevoir à dîner des officiers de connaissance. Enfin, sans faire de bêtises du tout, j'ai dépensé pas mal d'argent. Maintenant nous allons avoir le *rallie* que nous devons courir dimanche, et qui nous occupe beaucoup. J'espère que ce sera très brillant.

En dehors de tout cela, je n'ai rien fait de neuf. J'aspire bien au moment où je me trouverai parmi vous tous. Encore un mois et ce sera bien près d'être fait. Je pense que le 2 ou 3 septembre je serai à Marseille. Il se présente encore une grave question : quelle garnison faut-il demander ? J'ai bien envie d'aller tout simplement à Nîmes, pour me trouver près de vous, bien que la garnison soit un peu triste par elle-même.

Nos examens vont commencer le 16 août, et je pense que l'inspection générale commencera par le carrousel qui aura lieu le 15.

Si tu pouvais m'envoyer le plus tôt possible 400 fr., par exemple, je te serais bien reconnaissant. Comme je te l'ai déjà dit, il me faudra encore avant de partir un millier de francs pour payer toutes les dépenses courantes. Tu pourras prendre cela sur les fonds qui sont placés en mon nom et que j'avais avant à ma disposition ; en tous cas, je ne veux pas te gêner pour tout cela. Tu sais que je n'aime pas à te demander de l'argent.

Embrasse tout le monde bien tendrement pour ton fils qui pense avec impatience au moment où il partira pour Marseille.

Ton affectionné,
FRANZ.

Fontainebleau, 5 août 1880.

Ma chère maman,

J'ai reçu le chèque de 500 fr. que tu as eu la bonté de m'envoyer, et dont je te remercie bien sincèrement. Nous avons eu dimanche dernier notre fameux *rallie* qui malheureusement a été un peu arrosé. Il a plu tout le samedi et le dimanche matin extrêmement fort, de sorte que j'avais bien peur que nous n'ayons personne. Cependant je suis allé le samedi soir et le dimanche matin poser des haies et finir d'arranger la piste des voitures et celle des cavaliers, aidé de quelques canonniers. Le rendez-vous était à une heure et demie; heureusement il a fait beau à ce moment, de sorte que nous avons eu beaucoup de monde, autant en voiture qu'à cheval. Nous sommes partis à l'heure dite, mais au bout d'une heure, une pluie abondante s'est mise à tomber et nous avons été trempés jusqu'aux os; cependant on a continué puisqu'on était en train; les trois bêtes étaient de l'É..., H... et un élève nommé V..., que vous ne connaissez pas. A l'arrivée, on a pris quelques petits rafraîchissements, puis on est parti pour la course qui consiste à attraper les bêtes. Je courais après de l'É..., qui s'est mis à tourner; je l'ai suivi avec ceux qui luttaient avec moi, quand tout à coup, pendant que nous parcourions le cercle décrit par de l'É..., S...-C...-D... a coupé au court et avec un cheval moins bon que les nôtres est arrivé sur lui. Mais il y a eu choc, et les deux chevaux ont roulé sur l'herbe avec leurs cavaliers au galop de course. J'ai d'ailleurs profité de la bagarre pour enlever le nœud de ruban de de l'É.... Les deux tombés n'ont pas eu grand mal, et après s'être rafraîchis, on a fait une rentrée solennelle en ville ; les trois « bêtes » en tête, suivis de nous les preneurs, qui étaient le capitaine instructeur, un conscrit et moi, puis venait le reste des mortels. Nous n'avons pas pu danser sur l'herbe comme nous comptions le faire, à cause du mauvais temps.

Maintenant nous préparons le carrousel et les examens, et nous n'avons plus de dessin à faire.

Sur ce, ma bonne maman, je t'embrasse bien tendrement en te disant au revoir pour le 1er septembre j'espère.

Ton fils qui t'aime bien,
FRANZ.

D'après tes conseils je vais demander le 38e régiment.

Fontainebleau, 20 *août* 1880.

Ma chère maman,

Il faut que je te donne de mes nouvelles ; voilà plusieurs jours que je voulais le faire, et je n'en ai pas eu le temps.

Nous avons eu lundi notre carrousel, qui a très bien marché. Je l'ai conduit comme je te l'avais dit, et je puis dire sans modestie que j'ai reçu quelques compliments ; entre autres le grand chef des vétérinaires militaires, qui est venu passer l'inspection des chevaux de l'École, m'a dit que je montais comme un véritable écuyer, et qu'on ne pouvait réunir plus de grâce et de souplesse à plus de connaissance du cheval. J'en ai rougi. Cela s'explique du reste parce que je montais un cheval extrêmement bien dressé. Une dame qu'Henry a connue autrefois et chez laquelle j'ai été reçu, Mme Z., m'a fait dire que j'étais un amour à cheval. Seulement hier j'ai passé mon examen ; le premier, celui que j'avais le mieux travaillé ; et j'ai moins réussi que pour le carrousel ; je vais peut-être baisser un peu si cela ne va pas mieux, mais je crois que je suis sûr de rester premier à demander Nimes.

Je voudrais bien payer tous mes comptes avant de partir. C'est très important de ne rien laisser en arrière quand on quitte une garnison. Pour cela il me faudrait environ 1,200 fr. pour tout payer et revenir avec Belle-Dame. Tu sais du reste que je n'ai payé ni tailleur, ni bottier, ni rien depuis que je suis entré à l'École. Si tu peux m'envoyer cette somme bientôt, je règlerai tout cela. Tu sais que je n'en ai plus que pour quelques jours. Je t'en remercie d'avance et je t'embrasse bien tendrement.

Ton fils qui t'aime bien,

FRANZ.

Ses dernières lettres de Fontainebleau annonçant son départ manquent.

Il arriva les premiers jours de septembre, le cœur joyeux et plein des plus heureuses perspectives. Ce rêve de bonheur qui l'avait suivi pendant toute cette année d'absence et de travail allait-il se réaliser ? A son âge, le cœur se laisse si facilement aller à l'espérance, elle lui est tellement naturelle, elle le transporte d'un tel élan vers l'avenir sur ses ailes divines ! Mais combien de fois se réalise-t-elle dans la vie ? Que de songes délicieux se sont éteints brusquement sous les coups d'une réalité dure et inexorable ! Ces aspirations du cœur, toujours nouvelles et jamais satisfaites, ce tissu d'espoirs et de déceptions dont notre vie se compose suffiraient à prouver que le bonheur que nous cherchons toujours, pour lequel nous nous sentons faits, dont nous éprouvons le besoin impérieux, est partie de notre nature et doit se trouver quelque part. En effet, il se trouve, et il est fait pour nous comme nous sommes faits pour lui. Seulement ce n'est point sur cette terre d'attente que nous le rencontrerons jamais. Nous pouvons le pressentir, l'entrevoir, surtout le comprendre, mais le posséder dans son développement complet, non. C'est plus haut que Dieu veut que nous le cherchions, là où il sera éternel, là où il n'y aura plus ni pleurs, ni deuil, et où toute larme sera essuyée de nos yeux ; non ici-bas. Ici-bas, il s'échappe de ces citernes crevassées où nous cherchons en vain à le contenir. La source en est ailleurs, plus haut, et si nous voulons nous y désaltérer, il nous faut le chercher où Dieu nous le réserve entier, inépuisable. Et quel doit-il être, ce bonheur, pour que Dieu, qui s'appelle un Père tendre et compatissant, nous fasse passer par une éducation si dure avant de nous permettre de toucher aux sommets où on l'obtient !

Franz se retrouva encore dans une réunion de famille qui avait lieu toutes les années au moment où il venait passer ses congés chez lui. Il avait ramené sa jument Belle-Dame, et son premier soin fut de trouver un autre cheval en location pour sa sœur, à laquelle il se proposait de donner des leçons d'équitation. Ce petit projet, qu'il avait caressé depuis si longtemps, ne réussit pas, à cause d'un accident survenu au bras de Marie; sa sœur Laure l'accompagna dans ses courses à cheval.

Ce fut à ce moment que le premier chagrin de sa vie, profond, amer, vint le frapper. Son indomptable énergie ne suffit pas à lui faire surmonter ni cacher son émotion. Ses efforts étaient impuissants à contenir cette douleur cruelle qu'il souffrait de laisser paraître. Mais sa dignité lui faisait un devoir de la renfermer en lui, et moi-même je ne sus que plus tard combien douloureux avait été ce déchirement. Il sentit le besoin de sortir de lui-même. Il nous déclara son intention de partir et de parcourir le pays à cheval. Il voulait aller, aller toujours, seul, devant lui, sans itinéraire. Ce projet était un chagrin pour toute sa famille. Son beau-frère Fernand, bon et dévoué comme toujours, proposa de l'accompagner. Il aurait eu de la peine à refuser cette proposition sans froisser aussi bien les convenances que les sentiments, et il accepta, quoique ce fût un effort. Son désir aurait été d'être seul. Quels que fussent ses impressions, ses sentiments, cependant il resta simple comme toujours. Voici ce qu'à ce moment il écrit à son beau-frère

Henri, qui venait à Marseille chercher sa femme et sa belle-sœur pour les emmener en Italie.

Octobre 1880.

Mon cher Henri,

Je te laisse un petit mot, au moment de partir, pour te dire combien je regrette de ne pas t'avoir vu avant de quitter Marseille; mais les circonstances actuelles me rendaient le séjour de Marseille fort pénible, et c'est moi qui ai entraîné Fernand à partir immédiatement. J'espère que tu comprendras mes raisons, et que tu ne m'en voudras pas pour n'avoir pas retardé davantage mon voyage. D'ailleurs je te reverrai à ton retour de Venise.

Crois-moi, mon cher Henri, ton affectionné,

F. DE MONTRICHER.

Ils partirent et parcoururent pendant huit à dix jours les chemins arides de la Provence; ils s'arrêtaient le soir dans des auberges de rouliers, pansaient eux-mêmes leurs chevaux, se levant de grand matin et se remettant en route, cheminant la plupart du temps en silence. Fernand était toujours prêt à parler ou à se taire, selon les dispositions de son compagnon de voyage.

Mais cette solitude à deux, la monotonie de la route, la dépense forcée d'effort physique, la nécessité, cette loi absolue, devant laquelle toute volonté doit se courber, finirent par lui permettre de se dominer suffisamment pour refouler ses impressions. Quand il se sentit assez de force pour reprendre sa place dans le cercle de famille, pour voir le mouvement autour de lui, pour entendre rire et parler, il revint. Un observateur indifférent n'aurait rien vu de ce que que traversait cette âme si forte, si maîtresse d'elle-même. Mais les sources de la vie avaient subi une secousse et devaient prochainement se trouver menacées par cette épreuve.

Il partit quinze jours plus tard pour sa garnison; il tomba malade, presque en arrivant, d'une fièvre typhoïde des plus graves. La maladie fut longue; il passa deux mois entiers entre la vie et la mort, et son retour à la santé fut un bonheur inespéré. Ce temps d'émotions et de soins anxieux, d'alternatives de crainte et d'espoir, où le bien finit par triompher du mal, restera pour nous, comme reste toujours le souvenir de l'épreuve qui se termine par une issue heureuse, entouré de douceur. Je lui dis un jour: « Hé bien, mon chéri, que dis-tu de ce tête-à-tête de 50 jours que nous avons eu ensemble? Nous avons eu le temps de nous considérer l'un l'autre. » Il se tourna vers moi, et ses yeux m'exprimèrent mieux que des paroles la reconnaissance qu'il éprouvait de mes soins. Pendant 50 jours, en effet, la fièvre ne l'avait pas quitté. Qui dira les anxiétés par lesquelles on passe lorsqu'on veille au chevet d'un malade, d'un mourant, dans une solitude absolue? C'est alors qu'on sent le besoin de s'appuyer sur une force supérieure à la nôtre, sur celle qui ne fait pas défaut à qui la demande. La prière est ardente quand elle demande la vie de ceux qu'on aime, quand on suit avec émotion ce souffle qui, d'un instant à l'autre, peut s'éteindre. Puis l'espoir renaît, le mieux s'annonce, et la gratitude remplit le cœur. Quel repos lorsqu'on entrevoit la convalescence! mais aussi comme les soins doivent redoubler! C'est alors que la vigilance de la garde-malade est d'une importance incalculable. Dans ce moment si important, sa sœur Cécile, quittant tout pour lui, après avoir suivi de loin avec angoisse les différentes phases de sa maladie, vint de Caen l'entourer de ses soins délicats et de sa tendresse absolument maternelle. J'étais souffrante à l'hôtel. Ce fut à ses soins incessants, à la sûreté de son jugement, qu'il dut de traverser sans échec cette convalescence si critique. Ce fut elle qui, discernant un moment favorable, obtint du docteur de le faire transporter à l'hôtel en civière. Le 7 janvier, il quitta son petit logement d'officier, porté par huit hommes de son régiment, au milieu d'une chute de neige; la vue de ce convoi était saisissante. Dès lors, le mieux s'établit rapidement. Sa sœur, ayant ainsi fini sa tâche, repartit par une nuit d'hiver des plus rigoureuses pour le long voyage qu'elle avait devant elle : c'était le 17 janvier. Le 1er février, Franz partait à son tour pour les eaux d'Amélie, près de Perpignan. Il avait encore de la peine à marcher quand il arriva ; mais bientôt le grand air des montagnes, la jouissance de se sentir renaître à la vie, le transformèrent. Il trouva aussi des distractions à son état moral. L'amitié charmante d'une jeune femme des plus distinguées le captiva ; des entretiens tantôt pleins d'élévation, tantôt pétillants d'esprit, des discussions charmantes sur des questions profondes ou légères, faisaient valoir la finesse des appréciations intellectuelles de ce petit cercle. L'intimité qui se forma dans ces relations journalières ; les réunions du soir où l'on dansait un peu, où l'on organisait des concerts, de petites comédies ; les longues promenades, les déjeuners en plein air, tout se réunissait pour lui faire passer le temps agréablement.

Il revint chez lui, où sa mère et sa sœur l'avaient précédé, le 31 mars. Mais l'excitation qui l'avait soutenu pendant son séjour aux eaux venant à lui manquer, il retomba dans un état de profonde tristesse. Il se renfermait en lui-même et ne voulait voir personne. Je souffrais de cet état ; je le suppliais d'aller chercher ses amis et de se distraire avec eux. Il résista longtemps, puis un jour il me dit : « Je crois que tu as raison, maman ; j'ai besoin de me secouer. Après tout, je ne vois pas pourquoi je me calcinerais l'esprit au sujet de ce qui ne peut me rapporter que du souci et du chagrin ; et de plus, je sens que c'est une peine pour toi. Puisque tu es assez bonne pour m'y encourager, je ferai quelques courses à cheval, et je tâcherai de me distraire. »

Il chercha ses anciens amis, et il fit de nouvelles connaissances. On était près du moment des courses; le jeune G... fit courir sa jument Belle-Dame. Ce furent alors des fêtes se succédant; des soupers entre anciens camarades; on fêtait son apparition dans le petit cercle intime. C'était, sur le minuit, la soupe au fromage traditionnelle, les courses le soir à la Réserve-Roubion, quelques réceptions chez lui ; bref, il avait carte blanche pour ce qui pouvait lui plaire ; le seul devoir qu'on lui imposât était d'oublier le passé.

Peu à peu son équilibre se rétablit, et lorsqu'il se sentit de nouveau maître de lui-même, il me dit : « Écoute, chère maman, voilà bien assez longtemps que je m'amuse. Tu as été bien bonne pour moi ; maintenant j'ai assez de cette existence-là. J'ai secoué mon sac de poussière, cela suffit. Puisqu'Henry et Marie partent demain pour passer 8 jours à Paris, donne-moi l'autorisation d'aller avec eux, et quand je reviendrai, tu me retrouveras aussi raisonnable que tu pourras le désirer. »

Il fit comme il avait dit. J'étais toujours sa confidente la plus intime ; il partageait avec moi toutes ses impressions, quelles qu'elles fussent. Quand il revint, il trouva beaucoup d'entrain dans la société de ses sœurs ; il y eut des réunions de jeunes filles charmantes ; puis, le congé étant fini, il fallut repartir pour le régiment. Il y retourna l'esprit léger, le cœur satisfait. C'était vers le milieu de juin.

Il s'installa à Nîmes dans la jolie petite villa qu'il avait louée et meublée avec son camarade M. de C., décidé à y prendre la vie doucement. Il y était seul, à ce moment-là, M. de C. ayant été appelé à faire campagne en Tunisie. Il chercha des amis en dehors de ses relations du régiment, et trouva à se distraire tout en travaillant très consciencieusement. Le plaisir ne pouvait lui faire oublier le devoir. Il alla assister et même prendre part aux courses de Cavaillon, et passa par Marseille, où il vint nous surprendre en retournant de là à Nîmes. Il avait retrouvé toute l'exubérance de son entrain ordinaire. Il nous racontait ses succès, et nous disait que rien n'est comparable à ce qu'on éprouve quand on arrive premier dans une course de chevaux, et qu'on s'entend acclamer par le public. Il avait formé de nouvelles relations ; toutes les portes lui étaient ouvertes. De tous les côtés il se sentait sur un terrain qui lui était favorable. On aurait pu craindre pour lui quelques entraînements ; mais il était de ceux qui savent se dominer, et s'il eut quelques vélléités de dissipation, la raison prit immédiatement le dessus.

Il venait assez souvent nous voir, et avait par conséquent moins d'occasion de nous écrire. Voici la lettre qu'il écrit à sa sœur en apprenant ses fiançailles avec Jules Girardet.

Nîmes, juillet 1881.

Ma chère petite Minet,

Voici plusieurs jours déjà que je voulais t'écrire, mais le service fort chargé et peut-être un peu cette vilaine méchante paresse qui est mon défaut distinctif m'ont empêché de le faire jusqu'ici. Maman m'a annoncé la grande nouvelle et m'a dit en même temps qu'elle était à Caen. Je te souhaite, ma bonne petite chérie, tout le bonheur imaginable et, du reste, je ne doute pas que notre aimable accompagnateur du salon et du train rapide de Paris à Marseille ne se charge de la réalisation de mes vœux.

Tu pourras donner de bonnes nouvelles de moi à maman, qui a toujours paru prendre un certain intérêt à ma santé, et tu pourras lui dire que, cédant à son désir, j'ai loué un excellent piano de Herz sur lequel je fais tous les jours quelques gammes et un peu de déchiffrage.

Adieu, ma mignonne, et bien des choses à tous là-bas.

Ton frère qui t'aime bien,
F. de M.

Septembre (?) 1881.

Ma chère Maman,

Tu ne m'accuseras plus d'être mauvais correspondant, car voilà trois lettres que j'écris à Marseille en cinq ou six jours, mais les deux premières sont, jusqu'à présent, restées sans réponse.

Tu me dis que Mlle E*** va épouser V***. Je lui souhaite tout le bien possible. Il est probable que cela fera un ménage très sport, comme disait M. de L...., de funeste mémoire.

Tu me demandes combien de chevaux je dresse. En ce moment, Belle-Dame a eu un petit accident. Elle s'est pris le pied dans sa longe l'autre nuit et s'est écorchée. Mais cela va mieux et ne sera pas très long. Malgré cela, je ne puis pas la monter pour le moment, de sorte que je n'en ai plus que deux à monter.

Un de mes camarades de la réserve, M. de F***, qui a une propriété près de Montpellier, m'a invité à aller chasser chez lui, un de ces jours. C'est un très gentil garçon qui m'a présenté à sa femme, laquelle est fort aimable.

Nous venons d'avoir deux représentations de Sarah Bernhardt au grand théâtre de Nîmes. Elle a joué la *Dame aux Camélias* et *Hernani*. J'ai assisté aux deux représentations avec beaucoup de plaisir et d'intérêt.

Adieu, ma bonne maman, je t'embrasse comme je t'aime.

Ton fils,

F. DE MONTRICHER.

En voici une autre qu'il écrit à Marie le 3 novembre 1881 :

Ma bonne petite Marie, j'ai reçu aujourd'hui ta bonne petite lettre. Tu es beaucoup, beaucoup, beaucoup, beaucoup trop gentille, mignonne, charmante et vaporeuse d'avoir pensé à ton vieux malapiat de frère pour lui faire un aussi joli, mignon petit cadeau. Vraiment je ne sais comment te remercier de ton aimable pensée. Quant à choisir, je crois que l'utile doit passer d'abord, et comme j'ai bien rarement l'occasion de me mettre en habit noir, je crois qu'une épingle me serait plus utile. Mais je regrette que tu fasses de pareilles folies pour un tel goujat.

Quant à moi, j'allais tout justement mettre la plume au bout du bras pour te demander (pige un peu si les beaux esprits se rencontrent, et ris) si tu n'avais pas reçu un stock de pendules ou des douzaines de théières, ou suspensions, etc., etc. Dis-moi, entre toutes ces choses utiles (remarque l'esprit pratique) quelle est celle qui te manque.

Quant à la noce, j'aimerais bien que ce fût le 14 ou le 15. En tous cas, il faudrait que je le susse au juste pour demander une permission. Tu serais la bonté même de dire à maman : 1° de m'envoyer mon pardessus d'hiver; 2° de me faire faire chez De Witt un pantalon bleu pour la veille de la noce. Elle choisira l'étoffe bleu légèrement clair, étoffe riche. Le pantalon sera presque collant et fort court. Il tombera droit, découvrant tout le pied depuis la cheville. Il devra être prêt le 10 ou le 12.

J'écris à Saumur pour me commander un képi neuf. Tout ça c'est pour toi, ô Marie-Mathilde-Jacqueline-Euphrasie-Mayor de Montricher, vicomtesse de Lully-Lutry et autres lieux.

Je trouverai le pantalon à Marseille. Inutile d'envoyer. Dis à maman que j'ai commencé de traduire un des bouquins anglais qu'elle m'a envoyés.

Ton bourricaud,

FRANZ.

Le 10 novembre, il écrit à sa sœur Cécile :

Ma chérie,

Je t'écris vite, vite, au galop, pour te dire que je t'aime bien d'abord, et ensuite que j'ai reçu ta lettre hier, et enfin que ton bijoutier me plaît et que l'idée que tu m'insinues est bonne, et que je suis très content. Seulement il faudrait que tu fisses les commissions suivantes à notre mère commune (quoique d'une distinction toute anglaise) :

1° J'ai oublié l'échantillon ce matin ; il est ci-joint ;

2° Comme la rigueur du climat, jointe aux blancs frimas, fait entrechoquer les tord-fibrine (dents) des frileux, je serais heureux et fier qu'on m'envoyât mon vieux paletot hivernal ;

3° Mon habit noir a dû rester à Marseille. Il faudrait que maman fit rétrécir et raccourcir le grimpant qui est trop large et trop long. Je le trouverai tout prêt à mon arrivée à Marseille. Si je demande à ce qu'on raccourcisse mon noir pantalon, c'est que j'aurai peut-être à m'en servir, mais pas pour la noce même où je compte aller en tenue ;

4° A-t-on envoyé un faire-part à mon général, colonel, lieutenant-colonel et capitaine ?

J'arriverai à Marseille dimanche 13, et y resterai jusqu'au mercredi si ça va à tout le monde. Adieu, je vous embrasse tous, sans excepter personne.

Ci-joint : 1° un bon baiser à maman ; 2° un bon baiser à Marie ; 4° et 5° idem, idem aux frères ; 6° bonsoir.

Baisers et caresses à la famille sont d'un très grand charme.

Ton frère,
FRANZ DE MONTRICHER,
Baron anglais.

P.-S. Dis à maman que je traduis de la Tactique anglaise, que j'écris un ouvrage sur les nouveaux explosifs austro-hongrois, et que je prépare un cheval pour le concours hippique, et un bal qui sera offert à la brigade d'artillerie.

VOILA !

(Ici un dessin avec cette légende) :

L'homme à deux têtes, sainte dualité. Le travail et le plaisir.

(Ne montre pas cette bête de lettre.)

Le mariage de sa sœur l'amena, en effet, à Marseille. Là, la réunion de famille se trouva au complet, et comme elle était joyeuse ! J'étais environnée de mes dix-sept enfants et petits-enfants. M. et Mme Girardet, leurs quatre fils, leur fille, leur gendre et leur petit-fils, cette grande, intelligente et brillante famille, d'une si belle santé physique et morale, étaient réunis chez moi. Les arrivées se succédaient et l'on pense bien que la sienne ne fut pas la moins bien accueillie. Il vint à minuit, quelques heures plus tôt qu'il ne l'avait annoncé. Il était parfaitement heureux alors ; le bonheur de sa sœur, pour laquelle il n'avait jamais cessé d'avoir la plus tendre sollicitude, le comblait de joie. Il se sentait le cœur au large, et, dans ce cercle si jeune, si gai, si spirituel, en même temps que de sentiments élevés, il s'était monté à un diapason qui le rendait irrésistible. Il fut le rayonnement de cette fête, qui fut elle-même un moment unique, d'un incomparable éclat, où vinrent se concentrer tout à coup les rayons épars de nos bonheurs privés, de notre vie de famille, de l'union étroite qui lie tous nos cœurs, moment trop beau, trop brillant, trop doux sans doute pour cette terre, et que cette terre ne nous offrira plus !

Le soir même du mariage, il alla reprendre à Nîmes ses occupations habituelles, son congé n'avait été que de trois jours, et il l'avait trouvé bien court. C'était une telle jouissance pour lui d'être à la maison ! Mais il s'est toujours fait le plus grand scrupule de demander des permissions à ses chefs. A Nîmes, il se dévoua complètement aux travaux les plus sérieux. Il fit pendant les mois de décembre et de janvier un travail important sur la topographie des environs de Nîmes, travail qui avait été demandé par le ministre de la guerre, dont on l'avait chargé et qu'il accomplit avec sa persévérance et sa ténacité ordinaires. Une fois commencée, il avait poursuivi son œuvre sans qu'aucune considération pût la lui faire interrompre, et n'eut de repos que lorsqu'elle fut finie. Il partait chaque matin, quelque temps qu'il fît, au petit jour, seul avec ses cartes et ses instruments, prenant ses notes et venant les rédiger chez lui aux heures de repos. Il m'a dit avoir passé dix heures à cheval à la pluie, continuant malgré cela à prendre ses observations. Il venait de terminer lorsqu'il tomba malade. Le manuscrit avait une centaine de pages. Il me le montrait, lorsque j'allai le trouver à Nîmes, avec une certaine fierté et me disait : « Tu vois ce que j'ai fait : tu dois être contente, tu vois que j'ai bien travaillé. Mais ce n'est pas moi qui en aurai le mérite et cela ne paraîtra pas sous mon nom. » Il l'avait apporté avec lui à Marseille, pour y faire quelques corrections, le revoir, et le faire mettre au net. Mais cet espoir fut brisé comme tous les autres qui s'attachaient à lui.

La courte lettre suivante montre que, même pour

écrire à ses sœurs qu'il aimait si tendrement, il devait prendre sur son sommeil :

31 *décembre, minuit,* 1er *janvier* 1882.

Ma bonne chère bien-aimée petite Isabelle,

Un mot au trot de course pour te dire combien j'ai été touché de ton envoi de petite image pour la Noël. C'est bien bon de sentir qu'au loin on pense à vous et que bien qu'on soit dans un vilain trou comme Nîmes on a un tas de bons vieux amis qui pensent à vous de tous les côtés. La famille, vois-tu, il n'y a que ça de bon. Je suis tellement occupé maintenant que je n'ai que la nuit pour écrire des lettres. Minuit vient de sonner et nous voilà entrés dans l'année nouvelle. Puisse-t-elle être heureuse pour toi comme pour tous ceux que tu aimes. Adieu ma bonne petite sœur.

Embrasse bien Féodor pour moi.

Ton frère,

Franz.

Voici une autre lettre qu'il adressa quelques semaines plus tard à sa sœur Cécile. Le général Billot, qui lui avait témoigné à Marseille un très bienveillant intérêt, venait d'être nommé ministre de la guerre. Cécile écrivit à Franz pour lui dire que son mari et elle avaient l'intention de profiter des bonnes dispositions du général pour lui demander d'appeler Franz auprès de lui. Mais Franz avait trop le sentiment de ce qui lui restait à apprendre dans la vie active pour accepter que cette démarche fût faite. Il répondit par la lettre suivante :

Ma chérie,

J'ai reçu ta bonne lettre et voici ma réponse.

Le général m'avait dit autrefois que quand j'aurais deux ans de régiment il me prendrait peut-être comme officier d'ordonnance; donc, comme je n'ai même pas un an de présence effective, il est probable qu'il ne me prendrait pas. De plus, je suis, je crois, un peu jeune pour prendre un emploi qui n'est presque pas militaire.

Je ne t'en remercie pas moins d'avoir eu une pensée pour le petit frère enfoui dans ce Nîmes horrible. Nous venons cependant d'avoir trois soirées, la dernière hier soir, je suis rentré à 7 heures moins un quart chez moi ce matin.

Adieu, ma bonne chérie, je t'embrasse comme je t'aime ainsi que Monsieur le Préfet.

Ton frère,

FRANZ.

Pendant le mois de janvier, il y eut plusieurs charmantes réunions dans diverses sociétés de Nîmes. Il y fut convié avec beaucoup d'amabilité. Il était particulièrement sensible aux marques de bienveillance qu'on voulait bien lui accorder, et s'en était entretenu avec moi, en exprimant beaucoup de reconnaissance envers les personnes chez qui il avait été reçu. Il avait le cœur si accessible à tout ce qui est affection et sentiment! Malheureusement, après avoir échappé dans ces courses au grand air et aux intempéries, il devait se mal trouver de ces réunions du monde, où il est facile de prendre froid, en passant de la température surchauffée d'un salon à l'air extérieur, surtout quand cela se fait sans précaution aucune. C'est plus dangereux que de parcourir la campagne à toutes les heures et par tous les temps. Pour moi, c'était une cause de vive inquiétude et je lui écrivais pour le supplier de prendre garde. Toute indisposition chez lui était pour moi un sujet d'extrême inquiétude. Je savais qu'après une atteinte du mal terrible dont il avait souffert, la vie est sans cesse menacée, et que la moindre indisposition peut devenir un danger mortel. Je savais que cette existence précieuse pouvait ainsi être fauchée en un instant. Cette crainte même donnait à mon affection pour lui un caractère particulier. J'avais cherché à écarter de lui le danger que je pressentais par l'usage des eaux minérales et le changement d'air. La carrière qu'il avait choisie présentait peut-être plus de danger qu'une autre au point de vue des ménagements nécessaires ; mais, d'un autre côté, la vie militaire est fortifiante ; l'exercice en plein air à cheval est excellent ; si quelque chose pouvait le mettre à l'abri de la maladie, c'était les conditions d'existence où il se trouvait, à condition seulement de pouvoir se soigner au premier symptôme d'une indisposition même légère. C'est ce qu'il ne fit pas. Il ne se considérait pas comme autorisé à se soigner au régiment pour un mal insignifiant en apparence.

Rien n'aurait pu faire supposer, à voir sa santé si brillante à cette époque (celle de son dernier hiver), que sous ces apparences de vigueur, d'entrain, de force virile, se cachait un principe mortel qui devait le saisir et l'abattre en quelques jours. Et cependant il en fut ainsi. Cette nature si attrayante, ce cœur si chaud, ce centre de tant de vives affections, cette brillante intelligence, tout cela allait disparaître et laisser vides les cœurs qu'il avait remplis jusqu'alors.

Le samedi 18 février, je fus prévenue par une lettre de son camarade, M. de C., que Franz était souffrant d'une atteinte de rhumatisme, qui, étant localisée dans les extrémités, ne présentait pas de gravité. Je n'en fus pas moins saisie d'une grande émotion, sachant quels dangers pouvait amener cette maladie redoutable.

Je partis sur l'heure, avec une domestique, afin de pouvoir lui installer un ménage chez lui, et lui donner les soins nécessaires. En arrivant à Nîmes, j'eus le bonheur de le trouver mieux. La fièvre, qui durait depuis une semaine environ, avait cédé, et j'arrivai pour soigner sa convalescence. Je m'établis chez lui, et les dix jours que j'y passai resteront parmi mes plus chers souvenirs. Le bonheur de le voir revenir à la santé me remplissait de confiance dans son rétablissement complet. Cette jolie villa, arrangée avec goût, cette réunion de jeunes camarades, si gais, qui venaient passer avec lui tous leurs moments de liberté, cette agréable demeure si bien ensoleillée, me paraissaient offrir tous les avantages possibles, et tout me faisait ardemment désirer qu'il y prolongeât sa convalescence. Je vis que lui-même aurait volontiers accédé à mon désir ; il sentait que j'avais raison. Mais il avait demandé et obtenu un congé ; il craignait de paraître inconséquent en n'en usant pas. Lorsque je vis qu'il insistait pour quitter Nîmes où je me trouvais si bien avec lui, je lui proposai d'aller passer quelques jours à Aix-en-Provence, à l'établissement des eaux thermales où il s'était fait beaucoup de bien dans les mêmes circonstances quelques années auparavant. Il éviterait ainsi l'air humide de la mer, les sorties dans les rues froides de la ville, et se fortifierait mieux et plus vite par les courses qu'il se proposait de faire aux environs avant l'expiration de son congé. C'était là surtout ce qu'il désirait, et ma proposition lui sourit.

Nous quittâmes Nîmes le lundi. Il fut décidé qu'après avoir passé trois ou quatre jours à Marseille, il partirait le vendredi pour revenir le mercredi.

Il semblait parfaitement remis. Il avait le cœur joyeux ; les rêves les plus charmants lui passaient devant les yeux, le possédaient entièrement. Je m'étais proposé de l'accompagner dans cette course de trois ou quatre jours à Aix. Je désirais veiller à toutes les précautions voulues pendant cette courte absence, mais il m'en dissuada, et une réunion de circonstances fatales semblèrent s'opposer à ce que je partisse avec lui. Il me dit que mes soins ne lui seraient pas nécessaires, puisqu'il verrait le médecin tous les jours, et que d'ailleurs il ne passerait pas deux jours sans revenir. Je le laissai partir seul, à regret, lui recommandant de boire les eaux et d'essayer de quelques douches froides avec beaucoup de précautions.

Quand il fut à Aix, il persista à me prier de ne pas aller le rejoindre, et voici la dernière lettre que j'ai reçue de lui :

Aix, 3rd *March* 1882.

My dear mamma,

I received this morning your very kind letter. I don't embeast myself much here. I have a contemplative life, I don't think of any thing; to day it rains a little, so that Dr B. did not allow me to take my "traitement ,, but I began yesterday by a bath and I am to take every day a douche and a bath. I smoke many pipes and I talk a good part of the day whith the mistress of the house who has a very pretty girl who is to pass her examinations for her brevet next week. Don't come to morrow, you must go to church. I shall go and see you all on Monday next. It is no need at all that you should come, because I want to remain here incognito.

Good bye, dear mamma. I have very good food and I eat enormously. I drink also great quantities of mineral waters.

Your fine son,

F. de M.

Le médecin, quand il l'avait vu, avait exprimé l'avis que la crise de rhumatisme était encore trop récente pour qu'il pût risquer le traitement thermal. Franz avait répondu qu'il se croyait bien en état de prendre quelques douches froides comme il l'avait fait avec succès d'autres fois dans les mêmes circonstances. En effet, il commença ce que les médecins appellent un traitement, c'est-à-dire tout l'ensemble de la médication, une douche le matin, un bain chaud le soir. Dans les établissements thermaux, les bains chauds (et ils n'étaient certainement pas indiqués dans son cas) sont donnés avec les plus grandes précautions, et sont généralement suivis d'un séjour dans un lit bien chauffé, jusqu'à ce que la peau ait repris ses fonctions. Là, au contraire, les bains chauds lui furent ordonnés avec recommandation d'aller faire la réaction en plein air tout aussitôt après le bain. Je n'avais pas admis la possibilité d'une telle ordonnance et ne l'avais pas prémuni là contre. Les deux ou trois premiers jours, tout alla bien ; puis, le dimanche sans doute, il prit froid sans s'en apercevoir, car il me dit n'avoir pas eu le moindre frisson. Le lendemain, il se sentait moins bien ; mais, quoiqu'il fût venu nous faire une visite ce jour-là, il n'en dit absolument rien. La fatalité qui paraît s'être attachée à toute cette période est très mystérieuse. Comment l'avons-nous laissé partir seul quand il avait encore besoin d'être entouré de soins et de précautions indispensables ? Toute cette sollicitude qui l'entourait d'une manière si constante faisant défaut tout à coup ; la décision incompréhensible du médecin lui commandant des bains chauds outre les douches ; lui-même venant le lundi, se sentant courbaturé et s'en retournant sans me laisser soupçonner son malaise ; le docteur lui trouvant de la fièvre, mais l'attribuant à l'action thermale et continuant les mêmes prescriptions : tout semble, en dehors des prévisions possibles, des volontés humaines, s'enchaîner pour concourir au terrible résultat. Il devait revenir le mercredi soir ; j'étais allée passer la journée à la campagne avec sa sœur, comptant le prendre le soir au passage du train. La pensée qu'il pouvait ne pas me revenir plein d'entrain et de vie était à cent lieues de moi ; toutes mes craintes s'étaient évanouies..... Et voilà qu'il revint le mercredi matin, malade, et pour trouver la maison vide !

On me fit appeler par téléphone ; le temps d'atteler la voiture et d'arriver, il était cinq heures. Je le trouvai assis devant son feu, seul, triste, avec le sentiment d'un mal profond ; mais cependant il cherchait encore, avec son énergie habituelle, à prendre le dessus. Du premier coup d'œil, je vis ce qui en était. Une inquiétude mortelle me saisit. C'était le 8 mars.

Je l'engageai à se mettre au lit immédiatement. Un jeune parent, cousin de ses cousines, charmant garçon de 20 ans, était mort la veille, arraché à l'affection de sa famille par une scarlatine maligne. Franz l'apprit avec un sentiment pénible, et quand, quelques jours après, une éruption qui avait les apparences d'une rougeole se déclara chez lui, il en fut très frappé. Cette nouvelle maladie vint s'ajouter au rhumatisme qui était revenu à l'état aigu, attaquant tous les organes intérieurs les uns après les autres. Le cœur cependant ne subit aucune atteinte. Pendant tout le temps où il souffrait d'une manière si cruelle, son inaltérable sérénité ne fut pas un instant obscurcie. Pas une plainte ne s'échappait de ses lèvres ; lorsqu'il se sentait près de se laisser accabler, il se faisait lire à haute voix pour se forcer à sortir de lui-même. Pendant ces huit jours et ces huit nuits, le sommeil ne vint pas un seul instant lui apporter le repos. La lutte contre la douleur fut incessante ; mais en le voyant on ne s'en doutait point : pas un murmure. Il me passait autour du cou ses pauvres mains bandées en me disant : « Oh maman, comme je t'aime ! » Un soir, il me dit : « Maman, parle-moi ; console-moi. » Je lui répondis : « Mon chéri, comment faut-il que je te console ? en priant avec toi ? » Il me dit avec une expression profonde : « Oui, prie avec moi. » Et quand j'eus prié, voulant savoir jusqu'où il s'était associé à mes paroles, je lui demandai : « Est-ce bien ce que tu désirais que j'ai demandé à Dieu pour toi ? Est-ce que tu dis : Amen ? » Il répondit « Amen » d'une voix émue, et chaque fois que je priai de nouveau avec lui, comme pour sceller sa participation personnelle à mes paroles, il répéta : « Amen ». Je lui dis : « Je suis la Porte, dit Jésus ; cette porte est grande ouverte. » Il répondit : « Oui, elle est grande, grande ouverte. » A un moment, je dis à la sœur de charité qui m'aidait à le soigner : « N'est-ce pas, ma sœur, que la résignation chrétienne seule peut donner une force semblable, et permettre de supporter de telles douleurs sans se plaindre ? » J'étais assise près de lui. Il sourit, et je vis un regard céleste dans ses beaux yeux qui se dirigeaient en haut comme pour se mettre en communication avec cette force suprême par laquelle il remportait la victoire sur lui-même. Du reste, son souci se reportait incessamment sur les autres ; sa plus grande préoccupation était qu'on empêchât sa sœur Marie d'entrer dans la chambre.

Le sentiment du danger venait surtout pour lui de ce qu'il se savait atteint de la rougeole. Le mercredi il me dit : « Et maintenant, cette rougeole est-elle bien sortie ? est-ce que je n'ai plus à m'en préoccuper ? n'y a-t-il plus de danger ? » Je lui répondis que le médecin la considérait comme étant en très bonne voie. Ce jour-là les douleurs avaient disparu. Il eut un peu de repos et un peu de sommeil. Le mieux semblait venir.

Hélas ! il ne devait pas être de longue durée. Quelques heures plus tard, à minuit, la fièvre revint, intense, bien plus intense probablement qu'on ne pouvait le constater par le pouls. Je crus, vers le matin, m'apercevoir de quelques paroles incohérentes; mais son frère, qu'il m'avait priée d'aller chercher vers 5 heures, m'assura qu'il le trouvait parfaitement lucide.

Les heures de la journée passaient ; c'était le jeudi. Toutes les douleurs étaient dissipées ; il ne se plaignait de rien. Il n'y avait aucune agitation ; à part le manque de sommeil, on aurait pu croire que toute l'organisation était au complet. L'expression de sa figure était d'une sérénité parfaite et d'une douceur infinie. Il nous parlait avec un sentiment un peu vague de ses projets de départ et demandait si j'avais fait tous les préparatifs nécessaires ; mais il répondait d'une manière parfaitement claire à toutes les questions que nous lui faisions ; il avait l'esprit tout à fait calme, tout à fait présent. Le médecin m'avait prévenue qu'il craignait que le rhumatisme se portât au cerveau. Je lui demandai quels en seraient les symptômes. Il me répondit que cela se manifesterait par des douleurs à la tête et des bouffées de chaleur. Ce symptôme ne s'est pas présenté. Je dis à Franz, vers deux heures de l'après-midi : « Qu'est-ce qui te fait mal ? où souffres-tu ? » Il me dit : « Rien ne me fait mal ; je ne souffre nulle part. » Il nous suivait du regard avec tant d'affection ! Vers quatre heures, m'ayant demandé à boire, il me fit d'une manière tendre, caressante, presque enjouée, une démonstration mathématique sur l'équilibre pour m'apprendre à tenir son verre. Il continuait à nous parler de son départ, et à un moment il dit : « Mais il me semble que je ne suis pas en état de partir. Je crois que je vais me décider à rester tout simplement ici. » Il eut ainsi un moment de divagation très court. Rien du reste de pénible en apparence dans son état ; il ne paraissait occupé que de pensées douces, répondant d'une manière directe à tout ce que nous lui demandions, me faisant des recommandations sur l'hygiène à suivre pour sa nouvelle pouliche Luronne, qu'il venait d'acheter. Rien dans son état ne pouvait faire supposer une catastrophe si prochaine. A 5 heures, le docteur vint et trouva le pouls très faible. Il demanda une consultation pour la soirée. Il proposait de faire venir le Dr Chargé de Toulon. Je préférai qu'il s'adjoignît un second médecin immédiatement, et M. Engelhardt fut appelé. Il arriva vers six heures au chevet du malade, auquel il s'adressa affectueusement. Franz se tourna vers lui et répondit à cette voix caressante, mais étrangère, par un de ses beaux regards si clairs, si intelligents, et un sourire qui complétait le regard. Il était 6 heures et demie. Le docteur constatait au thermomètre une température de 43°6. Le mal marchait d'une manière foudroyante.

Franz avait cependant toujours sa complète connaissance. Les médecins voulurent lui mettre des sinapismes aux pieds. Il les écarta de la main, comme s'il avait voulu dire : Maintenant, c'est trop tard, laissez-moi. Je priai avec lui, et son regard mourant cherchait le mien. Il voulut parler ; mais les quelques paroles qu'il prononça furent inintelligibles. Il comprenait évidemment que tout était fini pour lui sur la terre, mais son calme ne se démentit pas un instant. Sa main immobile reposait dans celle de son frère, ses yeux suivaient les miens, pendant que je priais pour lui. Il regarda son frère, puis leva les yeux en haut, les abaissa encore, et tout fut fini. Il était 8 heures. Dieu l'avait pris comme la mère prend dans ses bras le fils qu'elle console. Sa vie terrestre, cette vie si précieuse qui répandait tant de bonheur autour de lui, s'était éteinte. Dieu avait frappé nos cœurs de l'épreuve la plus cruelle. Nous étions atteints d'une douleur ineffaçable. La foi seule peut apporter quelque adoucissement à une séparation aussi déchirante, par l'espoir d'un retour glorieux, d'un revoir éternel. Mais dans de pareils moments tout paraît bien sombre, cette foi même est une lumière bien faible pour éclairer une si épaisse obscurité, et l'âme semble se briser en disant à Dieu : Ta volonté soit faite.

APPENDICE

Les obsèques de Franz eurent lieu le 18 mars. Voici l'article que publia à ce sujet le 26 mars, en tête de ses colonnes, le journal *La Méditerranée :*

FRANZ DE MONTRICHER

Nous avons annoncé, dans notre numéro du 19 mars, la mort de M. Franz de Montricher, lieutenant au 38e d'artillerie, fils du célèbre et regretté ingénieur, mort il y a une vingtaine d'années, et frère cadet de M. Henri de Montricher, ancien adjoint au maire de Marseille.

Le deuil était conduit par son frère, M. H. de Montricher, ses beaux-frères, MM. H. et A. Monod, de Loche et Girardet, et son oncle M. Gustave Imer.

Après la famille, marchaient MM. le général de Montluisant, commandant la 15e brigade d'artillerie; le colonel Saillard, commandant le régiment du jeune officier, venus spontanément de Nîmes pour assister à la triste cérémonie; le colonel Boquet, chef d'état-major du 15e corps; le commandant Blanc, etc., et un grand nombre de camarades du défunt, en garnison soit à Marseille, soit à Nîmes.

M. le Préfet des Bouches-du-Rhône et de nombreuses notabilités marseillaises avaient tenu, par leur présence, à donner un témoignage de sympathie à la famille affligée.

Un piquet de canonniers, l'arme sous le bras droit, rendait les honneurs militaires; derrière venaient les employés et ouvriers de l'usine de Montricher, visiblement émus.

Au cimetière, après la cérémonie religieuse, le colonel Saillard s'est avancé vers le cercueil, et, au milieu du recueillement de toute l'assistance, a pris la parole en ces termes:

MESSIEURS,

C'est tout à la fois comme chef de corps et comme ami que je viens adresser un dernier adieu au lieutenant de Montricher.

Sorti de l'École polytechnique en 1878, M. Franz de Montricher était nommé, au mois d'octobre 1880 — il n'y a pas deux ans, — lieutenant à la 13e batterie du 38e régiment d'artillerie. Il y a porté dignement le nom de son père.

En présence de la population de Marseille, toujours sympathique et respectueuse devant la grande mémoire de l'ingénieur en chef du canal qui porte son nom, — en présence de tous les officiers qui accompagnent ici le camarade qu'ils ont perdu, — en présence de tous ceux qui ont vénéré le père et aimé le fils, — je ne trouve d'autres paroles pour interpréter nos regrets que celles-ci : le lieutenant de Montricher était de la race des vaillants et des forts, de ceux qui pensent que vertus, travail et naissance obligent.

Il voulait dans l'armée illustrer son nom, comme dans un autre milieu l'avait fait son père, par la pratique constante du courage, du dévouement, du sacrifice. Dieu ne l'a pas permis !

Puisse l'expression de nos regrets apporter quelque consolation à sa famille ! Ces regrets ne sont qu'un faible témoignage de l'affection de son colonel et de celle de tous ses frères d'armes.

Adieu, de Montricher ! c'est-à-dire au revoir, — au ciel ! là où l'on peut espérer le repos quand toujours, comme toi, l'on a fait son devoir !

En prononçant cette allocution à la fois si martiale et si attendrie, le brave soldat a dû s'arrêter à plusieurs reprises, l'émotion altérant sa voix.

Nous ne saurions mieux faire pour dépeindre les sentiments qu'a excités pendant son court passage à l'armée le jeune et brillant officier qui vient d'être enlevé si inopinément à l'affection de sa famille et de ses camarades, que de reproduire l'article que lui consacre un journal de Nîmes, où il était en garnison, le *Midi*.

Les officiers de la 13e brigade d'artillerie sont en ce moment cruellement atteints. M. de Montricher, lieutenant au 38e régiment, vient de mourir. Il était convalescent à Marseille, auprès de sa mère, et la mort est venue l'enlever en quelques instants, alors que lui-même annonçait son prochain retour. Il était des heureux de ce monde et tout semblait lui sourire. Il avait pour lui l'intelligence et la fortune, un nom que son père a rendu impérissable en Provence, et qu'il était si digne de porter, une carrière qui s'ouvrait pleine d'avenir.

Si ses qualités militaires, son zèle et son dévouement l'avaient fait apprécier de tous, par la loyauté et la franchise de son caractère, par le charme des relations quotidiennes, par la générosité de son cœur, par les services qu'il était toujours prêt à rendre, il s'était attiré l'affection de tout le monde, et avait su inspirer à ceux qui l'approchaient de plus près une profonde et sincère amitié. Il était depuis peu de temps à Nîmes ; il s'y était créé de nombreuses relations. Tous ceux qui l'ont connu déploreront cette cruelle perte. On ne pouvait l'approcher sans l'aimer. La place qu'il laisse vide ne sera pas comblée de sitôt. Son souvenir, longtemps présent à tout le monde, sera religieusement gardé par ses nombreux amis. Il était de ceux que l'on n'oublie pas.

Enfin nos lecteurs nous pardonneront si nous ne résistons pas au désir d'imprimer les quelques vers suivants adressés à Mme de Montricher par un ami de la famille :

Mère ! ne pleurez point sur ce fils envolé !
Il fait sombre ici-bas : votre Franz est allé
Dans le pays de la lumière.
Dieu vous le cachera quelques jours seulement :
L'enfant s'est éloigné de sa mère un moment,
Pour aller rejoindre son père.

Pendant plus de vingt ans vous l'aviez eu pour vous ;
Il était temps (le ciel en devenait jaloux)
Que, de la maison maternelle,
Il passât, jeune et pur, plein d'amour et de foi,
Répondant au Sauveur qui l'appelait à Soi,
Dans la demeure paternelle.

X.

Lorsqu'on est frappé par une grande douleur, il semble que toute consolation humaine soit impuissante à apporter le moindre allégement à l'amertume irrémédiable du cœur. Et cependant, il y a une douceur dans les témoignages qui rendent justice à l'être qu'on a chéri. On accepte avec une vive reconnaissance l'expression des sentiments et des regrets qui s'adressent à lui. Ces marques de l'affection et de l'estime qu'il avait su inspirer ne m'ont pas manqué, et les lettres qui suivent en sont la preuve. Il faudrait un gros volume pour les contenir toutes ; chacune d'elles a pour nous tous un prix inestimable. Je suis embarrassée pour en faire un choix. Je me restreins à ne citer que celles qui complètent par quelque côté la physionomie que ce recueil a pour but de retracer.

La première est celle du général de Montluisant, sous les ordres duquel Franz servait :

Nîmes, 17 mars 1882.

Madame,

Je suis désespéré et navré du malheur qui nous brise et qui nous désole tous.

J'irai à Marseille, au convoi de votre malheureux fils, avec le colonel Saillard.

Je ne puis comprendre encore comment ce brave et digne officier a pu être si vite foudroyé.

Il était aimé et estimé de tout le monde. Tous les officiers étaient heureux de l'accueillir pour son zèle, son tact, ses efforts, son intelligence et son parfait caractère.

Nous sommes tous tristes au delà de tout ce que je peux vous dire, et je suis l'interprète de tous en vous adressant nos bien tristes compliments de condoléance.

J'essaierai de vous saluer, Madame, et je vous prie de recevoir ici pour toute votre famille et pour vous mon hommage le plus tristement respectueux.

Général DE MONTLUISANT.

Mme Saillard, femme du colonel du 38e, m'écrivit en son nom et en celui de son mari :

Nîmes, 17 *mars.*

Madame,

Nous apprenons à l'instant le chagrin affreux qui vous atteint, et je vous demande de venir pleurer avec vous. Le colonel et moi nous avions une réelle sympathie pour votre fils. Aussi l'annonce de sa mort si peu attendue nous a-t-elle fait une peine profonde.

Mon mari sera à Marseille pour la triste cérémonie.

Puissent la sympathie et l'affection de ses amis et des enfants qui vous restent adoucir votre douleur ! Mais les mères ne se consolent pas et je prie Dieu, Madame, de vous aider à supporter la croix dont il vous charge.

Recevez, Madame, l'assurance de nos profonds et respectueux sentiments.

Octavie SAILLARD.

Franz avait d'excellentes relations, non seulement avec ses camarades du 38e d'artillerie, mais aussi avec les officiers du 19e, également en garnison à Nîmes, et qui a pour colonel M. de Latouche. Mme de Latouche m'écrivit :

Nîmes, 23 mars.

Madame,

Je ne veux pas que le laconisme d'une dépêche et une simple et froide carte viennent seuls vous exprimer la profonde sympathie que je ressens pour l'affreux malheur qui vient de vous frapper, et sans avoir l'honneur d'être connue de vous, je me permets de venir vous dire combien votre cher fils était apprécié par nous tous, et combien nous étions heureux de recevoir un jeune homme aussi distingué et aussi charmant. Sa mort si prompte et si inattendue nous a bien douloureusement impressionnés.

Mère comme vous, Madame, j'ai été tout entière avec vous de cœur, vous suivant par la pensée, dans les pénibles et si cruels moments que vous venez de traverser.

Mais si la sympathie de tous ceux qui ont connu et apprécié Monsieur votre fils peut être un adoucissement à votre douleur, croyez bien que la nôtre vous est tout acquise et permettez-moi de vous en offrir l'expression.

Veuillez agréer, Madame, les hommages respectueux de M. de Latouche et l'assurance de mes sentiments les plus respectueux.

L. DE LATOUCHE.

Je veux consigner ici l'expression de ma profonde gratitude pour le général Billot, alors ministre de la guerre, et Mme Billot ; ils m'adressèrent de Paris, dès que la triste nouvelle leur parvint, une dépêche sympathique qui me toucha profondément.

Voici une lettre de notre excellente amie Mme de G***, que nous avions connue à Amélie-les-Bains, où elle était avec sa fille Mme V*** :

27 *mars* 1882.

Chère Madame,

Je voulais en apprenant la triste nouvelle de l'affreux malheur qui vous frappe vous adresser bien vite tous mes vifs regrets et l'assurance de la part bien sympathique que je prends à votre chagrin. Ce matin-là, avant-hier samedi, J***, plus souffrante que d'habitude, m'occupait et me préoccupait tellement, que je n'ai pu immédiatement suivre l'impulsion de mon cœur. Comment vous dire mon émotion à la lecture de cette lettre où j'étais si loin de penser trouver un nom aimé comme celui de votre cher enfant ? Je ne pouvais en croire mes yeux qui remplis de larmes devaient se tromper. Hélas ! ce n'est donc que trop vrai ! Mais quel mal foudroyant a donc emporté cet être trop parfait pour ce monde ? Pauvre Franz, si bon, si affectueux ! Comme je comprends votre douleur, chère Madame, que je vous plains ! Je sais si bien ce que vous avez dû souffrir durant ces pénibles jours que vous venez de traverser ; pour moi, depuis lors ma pensée ne vous a point quittée ainsi que son souvenir.

Quant à J***, elle vient de l'apprendre à l'instant. Je le lui avais caché et elle ne le saurait pas encore si elle ne m'avait pas surprise cette lettre à la main. Je savais si bien l'impression pénible qu'elle en éprouverait, que je la redoutais. Elle avait su si bien apprécier la nature d'élite et le caractère distingué, charmant de M. Franz. Sans cette circonstance, elle vous aurait adressé immédiatement un témoignage affectueux de sa sympathie. Non seulement elle partage votre chagrin, mais cette perte en est une véritable pour elle. Elle aussi me donne bien des inquiétudes; depuis plus d'un mois elle est malade; elle vient d'avoir une crise de cœur des plus violentes et qui l'a fortement ébranlée, elle se lève à la minute pâle et faible. Samedi soir, elle me disait : « Il me faudra écrire à M. de Montricher; pauvre garçon! je ne vaux guère mieux que lui. » Jugez de ce que j'éprouvais en entendant ces mots. Elle ne se doutait pas de la triste réalité. Enfin, chère Madame, recevez pour vous et tous les chers vôtres l'expression sincère de notre affection réunie.

Quand un peu de calme sera rentré dans votre âme, veuillez m'écrire quelques lignes afin de savoir comment vous êtes; il me tarde d'avoir de vos nouvelles.

Adieu, chère Madame, tout à vous de cœur.

C. DE G***

Un ami de Grenoble, M. P. V***, écrit :

... Je ne saurais vous dire la peine que j'ai éprouvée en apprenant l'affreuse nouvelle.

Eh quoi! ce pauvre Franz, si brillant, si jeune, si plein d'entrain, si heureux de vivre, cet aimable garçon n'est plus! Je l'avais assez connu pour l'apprécier, et j'avais pour lui une sincère affection. Il avait un bien grand charme, et j'ai toujours trouvé courtes les heures passées avec lui. Malgré ses qualités brillantes, son esprit, sa grande intelligence, son originalité, il avait une admirable simplicité. Il ne pouvait manquer de se faire aimer de quiconque l'approchait, et ses amis le pleurent du fond du cœur.....

Je ne puis résister au désir de publier ici tout entière une admirable lettre que je reçus du vénéré M. Armand-Delille, ancien pasteur de Marseille, actuellement à Paris :

Paris, 8 avril.

Chère Madame,

Il y a quelque temps déjà que la lettre qui nous a apporté la nouvelle de votre grand deuil est ouverte sur mon bureau. J'y jette souvent les yeux. J'y vois dans mon souvenir une figure pleine de grâce et de noblesse, et pourtant je n'avais aperçu votre fils pour ainsi dire qu'en passant.

Je me rappelle la dernière circonstance où j'ai eu le plaisir, dans la chapelle de la rue Royale, de serrer votre main et la sienne. Je venais de parler de la puissance de la grâce de Dieu. En descendant de l'estrade, je vis deux personnes que je ne reconnus pas d'abord se lever de leur place et s'approcher de moi : c'était vous et c'était lui ! Je ne puis vous dire l'impression que je reçus de cette rencontre — qui n'était pas fortuite sur ce terrain-là — cette impression, qui m'était restée, s'est ravivée quand j'ai appris que le Seigneur avait recueilli auprès de Lui celui à qui j'avais serré la main ce jour-là pour la dernière fois. Depuis cette rencontre, j'avais entendu parler de lui avec affection par nos enfants de Fourchambault qui avaient eu le plaisir de le recevoir chez eux.

Votre lettre de faire part est donc restée ouverte sur mon bureau. Ce n'est pas le loisir qui me manquait pour vous écrire, encore moins la sympathie, c'était autre chose.

Il y a une sorte d'incapacité dont je me sens souvent atteint et qui est affaire d'âge et de fatigue, mais je n'en étais pas autrement en peine, car je pouvais vous remettre entre les mains du Seigneur. C'est de cette manière-là que les faibles et les incapables peuvent encore être utiles aux affligés, à la façon des amis des malades, qui les portaient aux pieds du Souverain médecin pour qu'il les guérît.

Mais les amis ne peuvent rien faire de plus, et même ils doivent se mettre la main sur la bouche et se tenir discrètement à distance pour laisser Jésus agir avec son pouvoir de consolation et de relèvement.

Vous connaissez ce pouvoir, chère Madame, vous y avez eu recours dans votre première grande épreuve lorsque, par la mort de votre bienheureux mari, vous avez perdu tout ce qu'une femme peut perdre en ce monde. Le Seigneur vous a tendu la main, et vous a remise debout. Il a tenu ses promesses, et voilà qu'Il se donne à faire, beaucoup à faire en vous reprenant un fils si tendrement aimé, et si digne de l'être. Il sera toujours pleuré de ceux qui l'ont connu, et ceux-là le pleureront davantage qui l'ont vu de plus près dans l'intimité et qui savent ce que ce cœur renfermait de droiture, de foi simple et de trésors d'affection.

Mais vos larmes deviendront de jour en jour plus douces à mesure que le Seigneur justifiera sa conduite et son amour envers lui en vous montrant jour après jour, tantôt à quels dangers, tantôt à quels chagrins il l'a fait échapper et comment le jeune officier, qui était si plein d'avenir, est arrivé au grade le plus élevé et à l'apogée de sa gloire sans avoir tiré une seule fois son épée.

Tout cela est vrai. On pressent qu'il y a dans ces considérations une source de consolations pour l'avenir. Mais dans le moment, ces consolations ne consolent pas. Le pauvre cœur souffre. Le bien-aimé n'est plus là, et il ne doit pas revenir. C'est par cette pointe de l'irréparable que le poignard s'enfonce dans le cœur et y reste. Comment la plaie se guérit-elle ? Elle ne se guérit pas. Le Seigneur le sait bien, car ce n'est pas de ce côté de la vie qu'il promet d'essuyer nos larmes. Et pourtant il parle de consolation. Il s'appelle même *le Dieu de toute consolation*. Il doit remplir la fonction dont il porte le titre. La consolation se trouve dans le rapprochement avec lui. Rapprochement ? Ce n'est pas assez. Ce mot ne désigne que d'une manière imparfaite nos rapports avec lui. Le Seigneur Jésus emploie un autre terme qui exprime quelque chose de plus intime : « Demeurez en moi et moi en vous. »

Et puis l'intervalle qui nous sépare de nos bien-aimés est bien court. Encore quelques heures, encore quelques luttes et la nuit qui nous paraissait éternelle va faire place au jour. C'est ce que nous disait quelques minutes avant de s'en aller la chère fille qui nous a quittés dans la fleur de sa jeunesse, laissant derrière elle une trace lumineuse, aux premières lueurs du jour. Ma femme et moi, placés à chaque côté de son lit, nous tenions ses mains ; elle nous dit : « Ne pleurez pas, mes bien-aimés, la vie est si peu de chose ! Nous serons bientôt réunis. Au revoir. »

Ces paroles sont vraies. Ce sont des paroles divines, car celle qui les prononçait était en communion avec Jésus et déjà sur le seuil de la grande maison paternelle. Nous trouvons une ineffable douceur à nous les rappeler et à les répéter. Elles sont accompagnées de beaucoup de larmes. Nous souffrons et nous luttons ; mais chaque jour nous rapproche de la réunion.

Nous pleurons aussi avec vous sur cette vie si courte et qui semble n'avoir pas accompli sa destinée ici-bas, tout en nous souvenant que cette limite n'a pas été placée par le Seigneur au début même de sa carrière comme une marque de son déplaisir. Les regrets et les tristesses dont notre vie a été remplie depuis l'époque où nous avions l'âge où s'est terminée son existence terrestre lui ont été épargnés, et je ne doute pas que celui qui a été l'objet de cette dispensation particulière, et qui voit aujourd'hui au delà de ce que nos yeux contemplent, ne se réjouisse, tout en vous aimant tendrement, de la part que le Seigneur lui a faite dans son amour.

Agréez, chère Madame, et veuillez faire agréer à ses frères et sœurs vers lesquels ma pensée se porte individuellement, l'expression de notre profonde sympathie, avec le souhait que ce deuil si grand pour vous et pour eux devienne pour chacun le point de départ d'un nouveau progrès dans la communion avec Dieu par Jésus-Christ.

J. Armand-Delille.

Un de ses camarades de l'École, M. D. L., m'écrivit :

Arles, le 24 *mars* 1882.

Madame,

C'est avec une bien vive douleur que je prends la plume pour venir vous apporter le témoignage de ma sympathie au malheur qui vous frappe et qui frappe tous ceux qui, comme moi, avaient eu l'avantage de vivre dans l'intimité de votre cher fils Franz.

J'étais précisément en Camargue, au moment où ce deuil est venu vous frapper, avec son ami Jean de C... qui était aussi un ami intime de Franz avec lequel il habitait. C'est même par une dépêche adressée de Nîmes à Jean que nous avons appris samedi soir la triste nouvelle, trop tard, hélas ! pour aller rendre à notre cher ami les derniers devoirs.

Je ne puis m'empêcher de faire sur le passé un triste retour chaque fois que la mort vient faucher dans notre jeune génération une nouvelle victime, mais combien mes regrets ne sont-ils pas plus cruels lorsque c'est un ami de jeunesse et de famille, dont j'ai à pleurer la perte. Nos pères, qui nous ont précédés là-haut, sont morts jeunes encore, c'est vrai, mais au moins avaient-ils eu le temps de donner chacun dans sa sphère une mesure de leur valeur et de leur énergie. Moins heureux qu'eux, c'est au début d'une carrière embrassée avec ardeur et qui n'eût pu manquer d'être brillante que je perds mon ami de Montricher.

Mais quelle douleur doit être la vôtre, Madame, et combien je sens en ce moment le vide et le néant de nos banales consolations lorsqu'elles ne s'appuyent pas sur une foi vivante, et une résignation chrétienne, qui sont le soutien des cœurs brisés! Aussi ne puis-je que prier Dieu de vous donner de supporter la nouvelle épreuve qu'Il vous envoie avec patience et courage, sachant que c'est pour un peu de temps que nous sommes séparés de ceux que nous pleurons. C'est le vœu que forme de tout cœur, Madame, votre respectueux et désolé serviteur.

D. L.

Enfin, je terminerai par des extraits de deux lettres que mon gendre, Henri Monod, de retour à Caen, adressa à sa femme, restée à Marseille :

... A la séance dont je te parlais ce matin, j'ai vu M. R. de retour de Nîmes et il m'a parlé à la sortie des impressions qu'il rapportait du Gard. Il a vu, m'a-t-il dit, des gens de tous les bords, de toutes les opinions, et partout il a recueilli la même impression, partout on parle de Franz, partout dans les mêmes termes, avec une émotion qui a peine à se contenir. Cela est vraiment bien remarquable. Nous avons maintenant assez habité la province pour nous rendre compte de ce que pèse d'ordinaire un lieutenant, même le meilleur, le plus digne, le plus aimable. Fût-il resté bien des années dans la ville, la règle est que du plus grand nombre il reste inconnu. N'est-ce pas une chose extraordinaire que celui-ci, qui n'avait guère passé qu'un an dans la ville, se soit si vite fait sa place dans l'affection de tous, que sa perte prenne presque les proportions d'un malheur public? Et cela, non qu'il ait été un de ces princes de la mode, qui entraînent les suffrages par le mouvement factice qu'ils créent autour d'eux et en éveillant combien de jalousies! Mais sans efforts, sans la moindre affectation, par la naturelle et pénétrante influence d'une nature exquise, conquérant les sympathies au moins autant que les admirations, sans y tâcher, presque sans y songer, semblable à ces fleurs qui embaument sans qu'on les voie et que pourtant on n'oublie pas.

Nous avons vu ce qu'en pensait le journal républicain *Le Midi*. M. R. a vu le chef du parti le plus violemment réactionnaire; il a vu un vicaire général de ce fougueux évêque de la... Le légitimiste ne parlait pas autrement de Franz que la feuille républicaine, et de même le prêtre parlait de ce protestant. Quoi de plus éloquent, de plus beau, de plus doux pour nous, de plus consolant?

Je n'ai pas voulu laisser passer la journée sans te raconter cela, qui ne te surprendra pas, mais qui vous sera à tous une consolation, amère et douce à la fois, en vous montrant à quel point ce cher petit frère, qui continue à rayonner d'au delà de la vie que nous connaissons, rayonnait déjà dans cette vie même.....

... Un mot en courant pour que tes lettres ne te manquent pas. J'ai reçu ce matin tes pauvres chères lignes, si tristes, si désolées. Je ne puis rien te dire qui te console. Rien au monde ne remplacera pour ceux qui l'ont bien connu, bien goûté, le bien-aimé frère que nous pleurons.

« C'était la perle du régiment », disait Mme S***. C'était aussi la fleur (l'une des deux fleurs, car Marie est là) de notre famille, fleur de chevalerie, de jeunesse, de grâce, de tendresse, d'intrépidité. Ç'a été un sourire que sa vie, et il faut que ce soit le rayonnement de ce sourire qui, du milieu des fleurs, illumine son tombeau. Pense, ma chérie, à ce qu'il eût souffert, — c'eût été la première véritable souffrance de sa vie, —

s'il lui eût fallu quitter la carrière qu'il aimait tant et qui lui promettait tant ! Pense à cette vie si courte, mais si belle, si brillante, si remplie de joies senties, de joies données, et qui, plus longue, et quelles qu'eussent été les satisfactions de l'ambition, ou même de la gloire, eût forcément rencontré ce que tout homme, sauf lui, rencontre ici-bas, les déceptions, les jalousies, les fausses amitiés, les vilenies de toute sorte qui sont le train ordinaire de notre triste existence. Pense à tout cela, à ce qu'il eût enduré, si c'eût été l'un des siens qui fût parti au lieu de lui-même. Et par amour pour lui, tâchons de nous élever au-dessus de notre propre peine, pour arriver à comprendre que dans ce déchirement, il est le moins à plaindre et que, s'il n'a pas à se plaindre, nous pouvons nous abstraire de notre douleur propre, pour nous dire avec les anciens que, quand on meurt si jeune, on est aimé des dieux.....

NANCY, IMPRIMERIE BERGER-LEVRAULT ET Cie.

NANCY, IMPRIMERIE BERGER-LEVRAULT ET Cie

www.ingramcontent.com/pod-product-compliance
Ingram Content Group UK Ltd.
Pitfield, Milton Keynes, MK11 3LW, UK
UKHW022110260726
13993UKWH00001B/425

9 782019 965761